BOGHA-FROIS san OIDHCHE

RAINBOW in the NIGHT

Fearghas MacFhionnlaigh

The Handsel Press Ltd
The Stables, Carberry, EH21 8PY
Scotland

Clàradh Dàta-Foillseachaidh Leabharlann Bhreatainn:
Gheibhear cunntas-clàraidh an leabhair seo bho Leabharlann Bhreatainn

British Library Cataloguing in Publication Data:
A catalogue record for this publication is available from the British Library

LAGE/ISBN 1 871828 35 X

Clò-churte ann an 11 puing Garamond
Clò-bhuailte le British Printing Company, Exeter

Typeset in 11 pt. Garamond
Printed by the British Printing Company, Exeter

Chuidich Comhairle nan Leabhraichean
am foillsichear le cosgaisean an leabhair seo

This book is published with the aid of a grant
from the Gaelic Books Council

Some place where there isn't any trouble...
Do you think there is such a place, Toto?
There must be!
It's not a place you can go to by a boat or a train.
It's far away, behind the moon, beyond the rain...

Somewhere over the Rainbow - way up high,
There's a land that I heard of once in a lullaby.
Somewhere over the Rainbow, skies are blue,
And the dreams that you dare to dream really do come true.

E.Y.HARBURG, *SOMEWHERE OVER THE RAINBOW*

Dans la nuit totale sait-on quelque chose
de tes miracles?
Au pays de l'oubli a-t-on une idée
de ta loyauté?...
J'endure la terreur que tu m'impose,
j'en suis bouleversé.

San làn-oidhche an aithnichear dad
dhed mhìorbhailean?
Ann an tìr na dìochuimhne am bi brath
mu do dhìlseachd? ...
Tha mi a' fulang an uabhais a leagas tu orm,
tha e gam shàrachadh.

In utter night can anything be known
of your miracles?
Any idea of your loyalty in the land
of oblivion?...
I endure the terror you impose on me,
I am overwhelmed by it.

PSALM 88:12 & 15B, *EN FRANÇAIS COURANT*

An Clàr-innse

Contents

DA DHAN TRATH

CHAN EIL AN OIDHCH' CHO DORCH A-NIS
(Dàn do Chiaran, 20/1/83. Bha e 4 mìosan a dh'aois)

Chan eil an oidhch' cho dorch a-nis
- tha rionnag ùr san iarmailt
- rionnag nach robh ann roimhe;
's mur eil i fhathast ach beag
tha i dian.
Cò an draoidh nach leanadh a leus?
   Tha do shùilean cho glan!

Chan eil an là cho fuar a-nis
- tha gath ùr sa ghrèin
- gath nach robh ann roimhe;
's mur eil e fhathast ach fann
tha blàths ann.
Cò an deigh nach leaghar leis?
   Abair mire nad aodann!

Chan eil an taigh cho balbh a-nis
- tha guth ùr ga thogail
- guth nach robh ann roimhe;
's ma tha e fhathast gun chainnt
tha 'n fhìrinn ann.
Cò nach dèan aithreachas rid shearmon?
   Tha do dhùrdail cho cùramach!

Chan eil an lios cho falamh a-nis
- tha flùr ùr a' fàs
- flùr nach robh ann roimhe;
's mur eil e fhathast ach maoth
tha e cùbhraidh.
Cò nach aithnich Eden na fhàileadh?
   Tha do lethcheann cho mìn!

TWO EARLY POEMS

THE NIGHT IS NOT SO DARK NOW
(A poem for Ciaran, 20/1/83. He was 4 months old)

The night is not so dark now
- there is a new star in the skies
- a star that wasn't there before;
and if as yet it lacks size
it is intense.
What wise man would not follow its blaze?
        Your eyes are so clear.

The day is not so cold now
- there is a new ray in the sun
- a ray that wasn't there before;
and if as yet it is faint
it has warmth.
What ice will not be melted by it?
        Such mirth in your face.

The house is not so mute now
- there is a new voice raised
- a voice that wasn't there before;
and if as yet it lacks speech
it has the truth.
Who will not repent at your preaching?
        Your lisping is so earnest.

The garden is not so empty now
- there is a new flower growing
- a flower that wasn't there before;
and if as yet it is tender
it has fragrance.
Who will not catch Eden in its scent?
        Your cheek is so smooth.

Chan eil an dìthreabh cho tioram a-nis
- tha fuaran ùr air fhosgladh
- fuaran nach robh ann roimhe;
's ma tha e fhathast na bheag-shileadh
tha brìgh ann.
Cò a' chreag nach sgoltar leis?
Trobhad, a bhalachain,
seo dhut mo ghualainn!

●   ●   ●

Là Banachadh na Triuthaiche

Tha mo ghaol dhut
mar gu robh muir air dìochuimhn' fon talamh
a' bristeadh a-steach air an uaimh as doimhne dem bhith,
a bras-shruth a-nist a' brùchdadh a-nìos
tro gach clais is gàg nam phearsantachd
los do bhàthadh;

ach ma bhios mi fo iomagain mud dheidhinn
siud mo bheul cho tioram
ris a' ghainmhich.

The wilderness is not so dry now
- there is a new spring flowing
- a spring that wasn't there before;
and if as yet it is a trickle
it has vigour.
What rock will not be split by it?
> *Come on, wee fellow,*
> *here's my shoulder!*

●　　●　　●

Day of the Whooping-Cough Vaccine

My love for you
is as if a forgotten underground sea
had burst into the deepest cavern of my being,
its tumult now surging up
through every channel and fissure of my personality
to engulf you;

yet when I worry about you
my mouth is as dry as
sand.

CUIRNEAN NA MAIDNE

(Dàn do Chara, 7/1/86. Bha i 20 mìos a dh'aois)

A Chara,
's e cùirnean na maidne thu,
drùchd gean,
boinneag teine,
criosalaid mhaoth-chraicneach
de dhathan tre-shoillseach
an crochadh cho cugallach
air bàrr-bileig critheanach
dìthean na beatha.

M'eudail, na tuit! Oir
tha na clachan cruaidh-chridheach,
tha nathraichean san fheur,
's cnuimhean san ùir.

Feith ris a' ghrèin
's èirich gu a blàths,
nad dhealan-dè neo-bhàsmhor
gad ghiùlan gu h-àrd
le deò chùbhraidh Dhè.

Ach an dràsda
chan fhàg mi do thaobh-sa,
a' ruagadh gach eòin chraosaich
- nam bhodach-ròcais
le seàla-ùrnaigh 's luasgadh.

DEWDROP OF MORNING

(A poem for Cara, 7/1/86. She was 20 months old)

Cara, you are the dewdrop of morning,
teardrop of joy, droplet of fire,
soft-skinned chrysalis
of translucent colours
in delicate suspense
from a tremulous petal-tip
of life's blossoming.

My darling, do not fall!
For the stones are hard-hearted,
there are snakes in the grass,
and worms in the soil.

Wait for the sun,
and rise with her warmth,
an immortal butterfly
borne on high
by God's fragrant breath.

And till then
I'll stand guard
to thwart the marauding bird
- a scarecrow,
prayer-shawled and swaying.

CLAR-AGHAIDH

Uinneagan.
Ciaradh a-muigh.
Fann-sholas a-staigh.
Mar ann an sgàthan chì mi
m'ìomhaigh ghlaisneulach fhìn
agus chì mi tromham fhìn
dhan duibhre a-muigh.
No a-staigh.
Dhan t-soillse a-staigh.
No a-muigh.

Tha trì uinneagan ann.
Trì ìomhaighean dhìom fhìn.
Trì guthan a' bruidhinn.
Trì sgeulachdan. No math dh'fhaodte
aon sgeulachd trì-fillte.
Trì seallaidhean
air an duibhre a-muigh.
No a-staigh.
Air an t-soillse a-staigh.
No a-muigh.

Tha ainm air gach uinneig.
Tha trì ainmean ann.
- Athair.
- Searmonaiche.
- Fear-ealain.
Trì aghaidhean dhen aon cheann.
Trì beòil a leigeas m'anail
air a' ghlainne.
Trì meòir a litricheas
mo shloinneadh.

PREFACE

Windows.
Dusk without.
Twilight within.
As in a mirror I face
my own pale reflection
and see through myself
to the darkness without.
Or within.
To the brightness within.
Or without.

There are three windows.
Three transparencies of myself.
Three voices splice
three story-lines. (Or maybe one
synoptic story is told thrice.)
Three versions
of the darkness without.
Or within.
Of the brightness within.
Or without.

Each window has its name.
Its own see-through alias.
- Father.
- Preacher.
- Painter.
Three personas face me.
Three mouths exchange my breath.
And where the pane is most opaque
three fingers interlace to trace
my patronymic.

Trì uinneagan
eadar mi fhìn 's an domhan.
Tha sgòth air a' ghlainne.
Tha neul nam cheann.
Tha an criostal trìd-shoilleir
smoct' a-nis le dubh-bhròn.
Na shearrag thrì-thaobhach
làn tarraing mo smaoin.
Deoch-slàinte rim làimh.
Deigh rim uilinn.

Trì sgàthanan.
Trì sgàileanan
a' taisbeanadh mo dhàin.
Trì teipichean-bhidio
clàrt' air m'aodainn so-sgàint'.
Clàran-mìneachaidh.
Clàran-ainm.
Clàran-innsidh an iargain.
Clàran-dhealbh mo thaisg-inntinn
sgrìobht' anns an iarmailt.

Speuran mo chinn troimhe-chèile
bhon dh'fhalbh a' ghrian.
'S gann gu bheil fann-sholas rèil
a' toirt sòlais dham chridhe.
Tha mi reòtht' an cnoc-eighre
a' seòladh eadar-dhà-lionn.
Nam dhìnidh am botal
air dol fodha sa chuan.
Nam fhrìde an òmar
a chaidh am bogadh an cian.

Three windows.
Measure of all I know.
Misted the glass.
Clouded my brow.
Clearcut crystal
is smoke-dark now.
The reflections distil -
fill the trilateral flask.
Good health draws my grasp.
Ice numbs my elbow.

Three windows.
Three videos.
Clinical dossiers
of my plight.
Three X-rays.
Three scans
raised by
intercessary hands
unto the Light.

The ocean of Night
is shoreless.
Cold is the iceberg's core.
I am a cryogenic genie -
bottled
on the pelagic floor.
A jurassic insect.
Time-capsuled.
Amber-windowed.
Doorless.

Trì uinneagan.
Trì boinneagan.
Leaghte còmhla nan aon deur,
a' beò-ghlacadh gach loinneir
a nochdas san speur.
Ach nuair a dh'èireas a' ghealach
thèid mo dhòchas am meud
a' lèirsinn riomball mu gilead
làn dhathan nan seud.

Trì uinneagan mar phriosam
's mi am bùinne na bhroinn.
Is seachd dathan an dòchais
a' sruth-dheàrrsadh trom chom.
Thugam is bhuam mar dhrochaid
thar saoghail fhathast dorch'
stuagh-solais ag èirigh,
a' cruth-chaochladh gun fhois.
A' caithris oidhche an anama,
tha m' aire leagt' air bogha-frois.

Three windows.
Three liquefactions mingle,
form a single tear,
a cycloramic sidereal mirror
of despair.
But hope rises
as the Moon is
there,
its sun-beatific whiteness
haloed with colour.

In my triptychal
prism
light breaks.
Iridescent colour
arcs over the abyss.
A metamorphic
metaphor of Grace.
In this Dark Night of the Soul
the Rainbow is
my Solace.

BEUL NA H-OIDHCHE

FAISNEACHD A' HEILEACOPTAIR

Lannan a' heileacoptair
a' tòiseachadh air
caran slaodach a chur.

Heileacoptair uaine
's crois dhearg mar
shuaicheantas air.

A ghaoth
mar ghuth
ag ràdh

OZ... UZ... EZ... AZ...

Mise coimhead
ach am faic mi
cò am poidhleat

no a bheil
poidhleat
ann

ach tha a' ghaoth
gam leagail
gam fhàgail

bàthte
ann an tàirneanach
's ann an sàmhchair.

DUSK

(Gaelic - "MOUTH of the NIGHT")

THE HELICOPTER' S PROPHECY

The helicopter
rotor-blades begin
to slowly spin.

The helicopter is green
and has a red cross
as its ensign.

Its wind
is a voice
which says

OZ... UZ... EZ... AZ...

I try to see
who the pilot
is

if
there is
a pilot

but the wind
downs
me

drowns
me in
thunder

and
in
silence.

MINEACHADH NA FAISNEACHD

OZ...

Cha deach Tìr Oz a shìobhalachadh riamh...
oir tha sinn geàrrte dheth bhon chòrr dhen t-saoghal.

L. FRANK BAUM, *BUIDSEACH OZ*

UZ...

Bha duine ann an Tìr Uz dom b'ainm Iob.
...Agus thàinig gaoth mhòr on fhàsach,
agus bhuail i air an taigh, agus thuit e.

IOB 1:1,19

EZ...

Bha mise, Eseciel an sagart, mac Bhusi,
a' gabhail còmhnaidh am measg nam braighdean Iùdhach.
Agus dh'amhairc mi agus feuch...iomaghaoth.

ESECIEL 1:1,4, TEV

AZ...

A-nis bha duine àraidh gu tinn, dom b'ainm Làsaras.

EOIN 11:1

THE PROPHECY EXPLAINED

OZ...

The Land of Oz has never been civilized,
for we are cut off from the rest of the world.

L. FRANK BAUM, *THE WIZARD OF OZ*

UZ...

There was a man in the Land of Uz, whose name was Job...
and behold, a great wind came across the wilderness,
and struck the four corners of the house, and it fell...

JOB 1:1,19 RSV

EZ...

I, Ezekiel the priest, son of Buzi,
was living with the Jewish exiles...
I looked, and I saw a windstorm coming...

EZEKIEL 1:1,4 TEV & NIV

AZ...

Now a man named Lazarus was sick.

JOHN 11:1 NIV

TROM-LAIGHE

Tha mi a' coiseachd thar cruadhlaich fhàis.
Nam ghàirdeanan tha mi a' giùlan leanaibh.
Nighean trì bliadhna dh'aois.

'S ise Cairistìona,
nighean Raghnaill 's Ealasaid.
Rugadh i ana-chiorramach na h-inntinn.

Nam aisling tha mar gum biodh poca anairt
thar a cinn agus aodann air a pheantadh air.
'S ann coltach ri liùdhag mhòir - *rag doll* - a tha i.

Tha i trom, fada nam uchd.
A gàirdeanan 's a casan rag.
Cò i?

Cò i dha-rìribh?
Slaodaidh mi an t-anart bhàrr a cinn.
Tha aodann anairt eile fodha.

SLEEPWALK

I am walking over waste ground.
In my arms I am carrying a child.
A three-year old girl.

It is Catriona,
daughter of Ronnie and Liz.
She was born extremely handicapped.

In my dream there is a kind of linen pillowslip
over her head with a face painted on it.
She is like a large rag doll to me.

She is heavy and long.
Her arms and legs are stiff.
Who is she?

Who is she *really*?
I draw the covering slowly from her head.
There is another linen face beneath.

"Cò thusa?" dh'fhaighnich am Bodach-Ròcais, ga shìneadh fhèin 's a' dèanamh mèarain. "Agus càit a bheil thu a' dol?"

"'S mise Diorbhail," ars an nighean, "agus 's ann dhan Bhaile Smàragach a tha mi a' dol, a dh'iarraidh air an Oz mhòr mo chur air ais a Khansas."

"Càit a bheil am Baile Smàragach?" dh'fhaighnich e. "Agus cò Oz?"

"An e nach eil fhios agad?" fhreagair i, agus iongnadh oirre.

"Gu dearbh, chan eil. Chan eil fhios agam air càil sam bith. Tha mi air mo dhinneadh le connlaich, tuigidh tu, agus mar sin chan eil eanchainn agam idir," fhreagair e gu tùrsach.

"O," arsa Diorbhail, "'s mi tha duilich air do shon."

"Saoil," dh'fhaighnich e, "ma thèid mi dhan Bhaile Smàragach còmhla riut, an toir Oz eanchainn dhomh?"

"Chan urrainn dhomh innse," ars ise. "Ach faodaidh tu tighinn còmhla rium ma thogras tu. Mura toir Oz eanchainn dhut cha bhi thu càil nas miosa dheth na tha thu an dràsda."

"'S e an fhìrinn a tha sin," ars am Bodach-Ròcais. "Eil fhios agad," lean e air os ìosal, "tha mi coma gu bheil mo chasan 's mo ghàirdeanan 's mo chom air an dinneadh le connlaich, oir cha ghabh mi goirteachadh. Ma shaltras neach sam bith air m' òrdagan no ma shàthas iad prìne annam, chan eil e gu diofar, oir chan fhairich mi e. Ach chan eil mi airson gun canar amadan rium, agus ma dh'fhanas mo cheann 's e air a lìonadh le feur an àite le eanchainn mar a tha am fear agadsa, ciamar a bhios fios agam air càil sam bith a chaoidh?"

"Tha mi a' tuigsinn mar a tha thu a' faireachdainn," thubhairt Diorbhail, a bha duilich dha-rìribh air a shon. "Ma thig thu maille rium iarraidh mi air Oz na 's urrainn dha a dhèanamh às do leth."

"Tapadh leat," fhreagair e gu taingeil.

Choisich iad air ais dhan rathad, chuidich Diorbhail e thairis air an fheansa, agus thòisich iad air leantainn air an fhrith-rathad de bhreigeachan buidhe dhan Bhaile Smàragach.

L. FRANK BAUM, BUIDSEACH OZ

"Who are you?" asked the Scarecrow, when he had stretched himself and yawned. "And where are you going?"

"My name is Dorothy," said the girl, "and I am going to the Emerald City, to ask the great Oz to send me back to Kansas."

"Where is the Emerald City?" he enquired. "And who is Oz?"

"Why, don't you know?" she returned, in surprise.

"No, indeed; I don't know anything. You see, I am stuffed, so I have no brains at all," he answered, sadly.

"Oh," said Dorothy. "I'm awfully sorry for you."

"Do you think," he asked, "if I go to the Emerald City with you, that Oz would give me some brains?"

"I cannot tell," she returned; "but you may come with me if you like. If Oz will not give you any brains you will be no worse off than you are now."

"That is true," said the Scarecrow. "You see," he continued, confidentially, "I don't mind my legs and arms and body being stuffed, because I cannot get hurt. If anyone treads on my toes or sticks a pin into me, it doesn't matter, for I can't feel it. But I do not want people to call me a fool, and if my head stays stuffed with straw instead of with brains, as yours is, how am I ever to know anything?"

"I understand how you feel," said Dorothy, who was truly sorry for him. "If you will come with me I'll ask Oz to do all he can for you."

"Thank you," he answered, gratefully.

They walked back to the road, Dorothy helped him over the fence, and they started along the path of yellow brick for the Emerald City.

L FRANK BAUM, *THE WIZARD OF OZ*

AISLING EILE

Sràid baile mhòir
làn dhaoine coiseachd.
Ciaran na bhalachan 's mi fhìn
gar dùmhlachadh.

Togalach àrd.
Lioft a' fosgladh dhan t-sràid.
Caillidh mi mo ghrèim air làimh
Chiarain 's mi dol a-steach.

Dùinidh na dorsan eadarainn.
Tha an lioft a' sìor dhìreadh.
Lioft glainne.

Fada fodham chì mi Ciaran
a' falbh am measg sluagh a' chabhsair
's e a' sìor fhàs nas lugha.

*Rug Diorbhail air Toto mu dheireadh thall, agus thog i oirre an
dèidh a h-antaidh. Cha robh i ach letheach-slighe thar an rùim
nuair a rinn a' ghaoth sgal uabhasach, agus chriothnaich an
taigh cho mòr 's gun d'fhalbh a cas bhuaipe 's gun deach i na
suidhe a chlisge air an làr.*

Thachair rud neònach an uair sin.

*Chuir an taigh car dheth a dhà no trì thursan agus
dh'èirich e gu slaodach tron adhar. Bha Diorbhail a'
faireachdainn mar gu robh i a' dol suas ann am bailiùn.*

L. FRANK BAUM, *BUIDSEACH OZ*

24

ANOTHER DREAM

A city street
filled with pedestrians.
Ciaran a wee boy and me
being jostled.

A high building.
A lift opening on to the street.
I lose my grasp on Ciaran's hand
as I go in.

The doors close between us.
The lift rises and rises.
It is a glass lift.

Far below me I can see Ciaran
moving away among the crowd.
He is growing smaller and smaller.

*Dorothy caught Toto at last, and started to follow her
aunt. When she was halfway across the room there came a great
shriek from the wind, and the house shook so hard that she lost
her footing and sat down suddenly upon the floor.*

A strange thing then happened.

*The house whirled around two or three times and rose
slowly through the air. Dorothy felt as if she were going up in a
balloon.*

L. FRANK BAUM, *THE WIZARD OF OZ*

LA A' GHEILE

Là a' ghèile mhòir.
Sinn uile san t-seòmar-suidhe ag ithe cheapairean.
Ciaran, Cara, Màiri 's mi fhìn.
Bha mo dhruim-sa ris an uinneig.
Ri lòsan mòr aghaidh an taighe.

Gu h-obann spreadh an clàr de ghlainne a-steach oirnn
le brag uabhasach,
agus rinn a' ghaoth donnal fiadhaich nar cluasan
mar uilebheist.

Mura b'e an sgàil-uinneig bheinìseanach
a dhìon sinn an aghaidh nan ìnean mòra geura
bha ar cinn an cunnart a bhith
air an sgathadh dhinn.

Ciaran a' gal.

*Nuair a bha e fhathast a' labhairt, thàinig mar an ceudna fear eile, agus
thubhairt e, Bha do mhic agus do nigheanan ag ithe, agus ag òl fìona
ann an taigh am bràthar a bu shine:*

   *Agus, feuch, thàinig gaoth mhòr on fhàsach, agus bhuail i air
ceithir oisinnean an taighe, agus thuit e air na h-òganaich, agus tha iad
marbh; agus thàinig mise am aonar as, a dh'innse dhut.*

   *An sin dh'èirich Iob, agus reub e a fhallaing, agus bheàrr e a
cheann, agus thuit e sìos air an talamh, agus rinn e adhradh.*

   *Agus thubhairt e, Lomnochd thàinig mi à broinn mo mhàthar,
agus lomnochd tillidh mi an sin: thug an Tighearna seachad, agus thug
an Tighearna leis: beannaichte gu robh ainm an Tighearna.*

   *Ann an seo uile cha do pheacaich Iob, agus cha do labhair e gu
h-amaideach an aghaidh Dhè.*

IOB 1: 18-22

*Feumaidh gur e seòrsa de chuairt-ghaoith a bh' anns a' ghaoith mhòir,
gu h-àraid bho nach deach ach aon taigh a leagail.*
FRANCIS I. ANDERSEN, *JOB: TYNDALE OLD TESTAMENT*
COMMENTARIES, T.D. 87, IVP

THE DAY OF THE GALE

The day of the awful gale.

We were all in the sitting-room eating sandwiches.
Ciaran, Cara, Mary and myself.
My back was to the window.
To the huge front pane.

Suddenly the plate of glass exploded in on us
with an enormous crash,
and the wind howled wildly in our ears
like a monster.

If it had not been for the venetian blind
which saved us from those great sharp claws
we might well have had our heads
sliced off.

Ciaran crying.

While he was yet speaking, there came another, and said, "Your sons and daughters were eating and drinking wine in their eldest brother's house; and behold, a great wind came across the wilderness, and struck the four corners of the house, and it fell upon the young people, and they are dead; and I alone have escaped to tell you."

Then Job arose, and rent his robe, and shaved his head, and fell upon the ground, and worshipped. And he said, "Naked I came from my mother's womb, and naked shall I return; the LORD gave, and the LORD has taken away; blessed be the name of the LORD."

In all this Job did not sin or charge God with wrong.

JOB 1:18-22 RSV

The great wind *must have been a whirlwind of some kind, especially since only one residence was demolished.*

FRANCIS I. ANDERSEN, *JOB: TYNDALE OLD TESTAMENT COMMENTARIES,* P87, IVP

TRI PUINGEAN AN T-SEARMONAICHE

Sa chiad àite...

'S e searmonaiche a bh' annam bho àm gu àm
(chan eil mi cho deas-labhrach a-nis).

Feasgar Sàbaid a bha seo
bha mi a' cur dhìom mu àrd-uachdaranachd Dhè.
"Bho chruthachadh an domhain gu ruige seo," arsa mise,
"cha do chaill Dia grèim air aon dadam.
Cha do chaill fiù 's air niutron no eleactron."
Dh'aithris mi seo dà thuras.
Cridhe an t-searmoin a bh' ann.
Cnag na cùise.

An ceann seachd là
bha mo mhac san ospadal
agus bhìoras air bhoil na eanchainn.

THE PREACHER'S THREE POINTS

For my first point...

I used to preach occasionally
(I am not so quick-tongued now).

One Sunday evening
I was holding forth
about the sovereignty of God.

 "Since the beginning of Creation until now," I declared,
*"God has not lost hold of a single atom.
Not of a neutron nor of an electron."*

I repeated this twice.
It was the heart of the sermon.
The nub of the matter.

Seven days later
my son was in hospital
with a virus ravaging his brain.

San dàrna h-àite...

Bha searmon eile ann roimhe sin
san tug mi tarraing air a' bhogha-frois.
'S e a th' ann ach comharra air cùmhnant Dhè
a dh'fhoillsich E an cois tuil Nòah.
Comharra nach tigeadh a leithid a dhìle a-rithist.
Comharra gu bheil cuimhne Aige oirnn.
Gu bheil truas Aige rinn.

Tha fhios bho thaobh nàdair
gur e buaidh gathan na grèine air boinneagan uisge
sna speuran a dh'adhbhraicheas boghachan-frois.
'S ann mar phriosam a tha na boinneagan
trom bi an solas ga bhriseadh suas
ann an speactram nan dathan.

Gus misneachd a thoirt dhan luchd-èisdeachd
nan trioblaidean eug-samhail 's e thuirt mi:
"Nuair a dheàrrsas Solas Dhè tro ar deòir,
cò aig' tha fios nach fhaic càch
dathan Cùmhnant Dhè?"

Ann an ospadal na Rathaig Mhòir
bhiodh Ciaran ri uchd a' bhàis
san 'Rainbow Ward'.

For my second point...

There was another sermon before then
in which I made reference to the rainbow.
The rainbow is a sign of God's Covenant
which He established after Noah's Flood.
A sign that no such inundation would happen again.
A sign that He remembers us.
That He has compassion toward us.

Of course in natural terms
the rainbow is caused by the effect of the sun's rays
on droplets of moisture in the atmosphere.
The droplets act as a prism
through which the light is refracted
into the colours of the spectrum.

To encourage the congregation
in their various problems, I said:
"When the Light of God shines through our tears,
who knows that others might not glimpse
the colours of God's Covenant?"

In Raigmore Hospital
Ciaran was to be near death
in the 'Rainbow Ward'.

San treas àite...

Agus tha cuimhn' agam a-nis air searmon eile
bho bhliadhnachan air ais.
'S ann air cuspair Abrahàim is Isaaic a bha e.
Air cho deònach 's a bha Abrahàm a mhac
a thoirt air ais do Dhia.

"Abrahàim," thuirt mi
's mi a' cur bhriathran am beul Dhè,
*"Abrahàim, ma tha barrachd gràidh agad air Isaac
na th'agad Ormsa,
tha barrachd gràidh agad ort fhèin
na air fear seach fear againn!"*

Mo thruaighe!
Chan eil mi idir cho deas-labhrach a-nis.

*Agus an dèidh nan nithean sin dhearbh Dia Abrahàm,
agus thubhairt e ris, Abrahàim:
agus thubhairt e, Feuch, tha mi an seo.*

*Agus thubhairt esan, Gabh a-nis do mhac,
d'aon mhac Isaac, as ionmhainn leat,
agus rach do thìr Mhoriah;
agus thoir suas an sin e mar thabhartas-loisgte
air aon de na beanntan a dh'innseas mise dhut...*

*Agus thubhairt Abrahàm ra òganaich,
Fanaibh-se an seo maille ris an asal;
agus thèid mise agus an gille gu ruige siud,
agus nì sinn adhradh,
agus thig sinn a-rìs dur n-ionnsaigh.*   Genesis 22:1,2,5

*'S e leabhar Iob air a mheanbh-dhealbh a th' ann an Genesis 22.
Chaidh Abrahàm a chur tro chruaidh-chàs a bha a cheart cho an-
iochdmhor ri deuchainn Iob, agus cha b'urrainn dha bhith a-rithist
mar a bha e roimhe. Bha e air a bheatha le Dia a leudachadh tro
fhulangas. Tha an t-aon dia-eòlas san dà eachdraidh.*

Francis I. Andersen, *Job: Tyndale Old Testament
Commentaries,* t.d. 125, IVP, bonn-nota

For my third point...

And I remember now another sermon
from years back.
It was on the theme of Abraham and Isaac.
On just how willing Abraham was
to give his son back to God.

"Abraham," I said,
putting words into God's mouth,
"Abraham, if you love Isaac
more than you love Me,
then you love yourself
more than either of us!"

Well.
I am not so quick-tongued now.

Some time later God tested Abraham; he called to him,
"Abraham!" And Abraham answered, "Yes, here I am!"
"Take your son," God said, "your only son, Isaac, whom
you love so much, and go to the land of Moriah. There on a
mountain that I will show you, offer him as a sacrifice to me."
...On the third day Abraham saw the place in the distance.
Then he said to the servants, "Stay here with the donkey. The boy
and I will go over there and worship, and then we will come
back to you."

Genesis 22:1-2,4-5 TEV

Genesis 22 is a miniature book of Job. Abraham was driven into
an ordeal as cruel as Job's, and he could never again be as he was
before. He had enlarged his life with God through suffering. The
theology is the same.

Francis I. Andersen, Job: Tyndale Old Testament
Commentaries p.125, IVP, Footnote

"WALK DON'T WALK"

'S ann sa chiad sheachdain dhen bhliadhna 1990
a dh'fhàs Ciaran tinn.
Cola-deug ro sin bha e fhèin is Cara air a bhith
an làthair aig riochdachadh de *Bhuidseach Oz*
san sgoil agam, Acadamh Rìoghail Inbhir Nis.
Dealbh-chluich na Nollaig, tuigear.

Saoilidh mi gur e seo an cur-seachad
mu dheireadh chun an deach e.

Co-dhiù, bha sinne an Roinn na h-Ealain
air a bhith an sàs an àirneis an àrd-ùrlair.
Rinn John sàr-obair air trusgan
an Duine Staoin, tha cuimhn' a'm.

Bha am Bogha-frois dìblidh againn geàrrte
à pios fiodha 's air a chumail an àird
le tarrag no dhà. Turas a bha seo chaidh a bhriseadh
nuair a bhathar a' gluasad na h-àirneis-stèids!

Rinn mise coire mòr bana-bhuidsich à cairt-bhòrd
's e a' cur thairis le eanraich chronail uain' air choreigin.
Pheant mi cuideachd tòrr
dhen Bhaile Smàragach 's dhen Tuathanas.

Sgeadaich mi cùisean le "sluagh-ghairmean" an siud 's an seo.
Seòrsa de ghraifìti feallsanachail!
Air beulaibh tractair bha coileach mòr a' gairm
an dubh-fhacail ud a sgrìobh am fear-ealain Beilgeach
René Magritte fo dhealbh de phìob thombaca -
"CECI N'EST PAS UNE PIPE!" ("Chan e pìob a tha seo!").
Chan e fìor phìob a bh' innte, tuigidh tu,
ach dìreach dealbh de phìob!

Agus air balla uaine a' bhaile pheant mi
an t-òrdagh trafaig Ameireaganach,
"WALK DON'T WALK!"
Nach e siud a bha droch-thuarach.

"WALK DON'T WALK"

It was during the first week of 1990
that Ciaran fell ill.
A fortnight before that, he and Cara had been
present at a performance of *The Wizard of Oz*
in my school, Inverness Royal Academy.
A Christmas production, of course.

I think this was the last entertainment
he went to.

Anyhow, we in the Art Department
had been involved in making the scenery.
John made a great job of the
Tin Man's outfit, I remember.

Our poor rainbow, though, was cut from a piece of wood
and kept aloft with a nail or two.
On one occasion it broke as the scenery
was being changed!

From cardboard I made a big witch's cauldron,
bubbling away with some nefarious green soup or other.
I also painted a lot of the Emerald City
and of the Farm.

I brightened things up with "slogans" here and there.
A kind of philosophical graffiti!
In front of a puffing old tractor I had a big rooster
shouting that enigmatic statement that the Belgian artist
René Magritte wrote under a painting of a tobacco pipe -
"CECI N'EST PAS UNE PIPE!" ("This is not a pipe!").
It wasn't really a pipe, you understand.
- Just a painting of a pipe!

And on the green wall of the city I painted
the American traffic command, "WALK DON'T WALK!"
Rather ill-omened.

SEILCHEAG GUN SLIGE,
ORDAG GUN INE

(1)

Bha an dithis aca mar a bu trice aig an àm ud
a-muigh sa ghàrradh a' lorg sheilcheagan
- an seòrsa gun sligean -
's gan gleidheadh am broinn shileaganan.

Là bha seo thàinig Ciaran a-steach
le sgàineadh puinnseant' aig bonn ìne òrdag a làimhe clìthe.
Nuair a dh'fhàs a bhathais caran teth thug sinn chun an dotair e.
Cha robh cus dragh airsan, 's chan fhaca e
ceangal idir eadar òrdag agus teasach.

Ach an ceann seachdaine bha Ciaran an seòmar dlùth-aire
an ospadal na Rathaig Mhòir, 's am pairilis ga shàrachadh.
B'e barail dotairean an ospadail cuideachd
nach robh buaidh air a bhith aig seilcheig
no òrdaig phuinnseant' air an eucail.

Gidheadh, chailleadh e an ìne ud
's cha bhiodh comas-carachaidh an dàn dha a-rithist
gus na dh'fhàs ìne shlàn ùr.

SNAIL WITH NO SHELL, THUMB
WITH NO NAIL

(1)

The two of them
were usually out hunting for slugs
in the garden around that time.
They kept them in jam-jars.

This day Ciaran came in with a poisoned cut
at the base of his left thumbnail. When he developed a bit
of a temperature we took him to the doctor.
The doctor wasn't worried, and thought there was no
connection between the thumb and the temperature.

However, within a week Ciaran was in intensive care
in Raigmore, with paralysis taking over.
It was the opinion of the hospital medics also
that neither slugs nor poisoned thumb
had anything to do with his condition.

But be that as it may, he was to lose that nail,
and would not be able to move again
until a new nail grew.

Nuair a thuig sinn cho truagh 's a bha Ciaran,
chuir mi fòn gu mo bhràthair a Winnipeg.
An ath oidhche dh'fhònaig e air ais.
Bha e air dol suas an staidhre a dh'ùrnaigh, thuirt e,
dh'fhosgail e a Bhìoball air thuaiream,
's nach ann air ceann-teagaisg an Seumas 5
     a bha e a' coimhead:

Slànaichidh ùrnaigh a' chreidimh an t-euslan.

Air leughadh dhomhsa mi fhìn a' chaibideil,
thàinig e a-steach orm gu robh foighidinn ga earalachadh
an seo a bharrachd air ùrnaigh:

Bithibh foighidinneach gu teachd an Tighearna.
Feithidh an treabhaiche ri toradh luachmhor na talmhainn,
agus fanaidh e gu foighidinneach ris
gus am faigh e an ciad uisge agus an t-uisge deireannach...

Bithibh foighidinneach mar an ceudna;
socraichibh ur cridheachan...

Chuala sibh iomradh air foighidinn Iob...
SEUMAS 5: 7-8, 11

'S ann mar sinn a bha e gu bhith.
Le gràs Dhè rachadh Ciaran a shlànachadh gu mòr,
an cois ùrnaighean chreidmheach air feadh an t-saoghail.

Ach bhiodh a leigheas
nas slaodaiche na seilcheag am broinn sileagain,
nas màirnealaiche na ìne ga h-ath-nuadhachadh fhèin,
nas dàiliche na fàs bàrr fo shùil tuathanaich.

(2)

When we realized just how serious Ciaran was
I phoned my brother in Winnipeg.
The next evening Neil phoned back.
He had gone upstairs to pray, he said,
and, opening his Bible at random,
had found himself faced with the text:

The prayer of faith will heal the sick.   JAMES 5:15

So, of course, I went and read that chapter myself
and noticed that patience was being urged
as well as prayer:

Be patient until the Lord comes.
See how patient a farmer is as he waits
for his land to produce precious crops.
He waits patiently for the autumn and spring rains.

You also must be patient.
Keep your hopes high,
for the day of the Lord's coming is near...

You have heard of Job's patience..."
                                           JAMES 5:7-8, 11, TEV

And that was how it was to be.
By the grace of God Ciaran would be in great measure healed
as prayer was made in different parts of the world.

But his recovery would be
more dilatory than a snail in a jam-jar,
more protracted than the renewal of a fingernail,
more gradual than blades of green beneath a farmer's eye.

An OIDHCHE

Anns an oidhche goididh doineann air falbh e.
Bheir a' ghaoth an ear leatha e, agus siùbhlaidh e;
agus le ioma-ghaoith grad-ghluaisidh i as a àit e.

Iob 27: 20,21

Section 2

NIGHT

In the night a storm steals him away.
The east wind takes him, and moves on;
with a whirlwind it plucks him from his place.

JOB 27:20,21

AILIS AGUS AN COINEANACH GEAL

(1)

A' tuiteam.
A' tuiteam tro tholl san làr.
Tro tholl sa chabhsair.

Ciaran an toiseach.
Màiri 's mi fhìn an uair sin.
Cara.

A' tuiteam gu slaodach mar Ailis an Tìr an Iongantais.
A-steach do shaoghal mì-nàdarra gun dùil.

Saoghal fo-thalamh air ar beulaibh.
Saoghal làn de chloinn bhriste
is de phàrantan aig nach eil tuilleadh dheur.

Cuimhn' a'm air dealbhan-cogaidh Henry Moore
air an dèanamh sna tunailean-trèana fo Lunnainn.
Bodhaigean fo phlaidean san dorchadas.
Pàrantan is pàisdean.
An e bandaisdean a tha siud timcheall orra?

Os an cionn ann an saoghal eile
tha na dachaighean briste bhon tàinig iad.

(2)

Ann an trannsa an ospadail.
Mo dhruim ris a' bhalla.
Seachad orm tha Richard a' ruith.
Na dhotair mòr le feusaig ruaidh
is casan troma is steatasgop na chròig.

A' ruith! A' ruith! A' sìor ruith!
Na choineanach geal a' ruith seachad orm sìos tunail.
Fadalach! Fadalach! Ro fhadalach!
Agus mise nam Ailis 's mi cho beag
's cho bàn ri luchag.

ALICE AND THE WHITE RABBIT

Falling.
Through a hole in the floor.
Through a hole in the pavement.

Ciaran first.
Then Mary and I.
Cara.

Falling slowly like Alice in Wonderland.
Into a weird and unexpected world.
A subterranean world of broken children.

Of parents with no more tears to cry.
I remember Henry Moore's war drawings
from the London Underground.

Blanketed bodies in the darkness.
Parents and children.
Are they bandage-wrapped?

Above them in another world
are the broken homes
from which they came.

(2)

In the hospital corridor.
My back against the wall.
Richard running past me.
A big, bearded, heavy-footed
doctor grasping a stethoscope.

Running! Running! Forever running!
He, the White Rabbit,
running past me down the tunnel.
Late! Late! Too late!
And me, Alice, small and pale
as a mouse.

BALLA

Bhuail mi ann am balla.
Balla lom cruaidh cloiche.

Cha robh feallsanachd an uair sin
ach na deatach nam shùilean.
Bha creudan fad' às is ceòthach mar na cnuic.

Bhuail mi ann am balla
mar gu robh mi nam chàr luath.
Stad mi sa bhad.

Dè am balla?
Balla chùisean mar a bha iad gu corporra.
Balach briste air leabaidh ospadail.
Athair briste na sheasamh ri thaobh.

Fìrinnean corporra nach gabhadh àicheadh.
Nach gabhadh mìneachadh.
Fìrinnean so-lèirsinn gam lèireadh.

Balla.
Bhuail mi ann am balla.

A WALL

I hit a wall.
A solid stone wall.

Philosophy was no more to me then
than smoke in my eyes.
Creeds were remote and misty like the hills.

I hit a wall
as if I was a speeding car.
I stopped instantly.

What wall?
The wall of physical realities.
A broken boy on a hospital bed.
A broken father stood beside him.

Physical facts
undeniable and inexplicable.
Crushingly clear facts.

A wall.
I hit a wall.

NA BROGAN

Air tilleadh dhomh às an Rathaig Mhòir
mhothaich mi dha bhrògan ùra
san t-seòmar-cadail fhalamh aige.

Cha mhòr gu robh iad air a bhith air.

Bha iad glas, sgeadaichte le uaine,
agus ath-thilgear solais annasach
air gach sàil.

Am biodh iad air a chasan a-rithist?
An seasadh e air a chasan a-rithist idir?

*Sa mhionaid ud chunnaic Diorbhail nan laighe air a' bhòrd na
brògan airgid a bhuineadh do Bhana-bhuidsich na h-àird an
Ear.*

*"Saoil am freagair iad," thubhairt i ri Toto. "'S iad an
dearbh rud airson sgrìob fhada a ghabhail, oir cha chaith iad."*

*Thug i dhith a seann bhrògan leathair agus dh'fheuch i
oirre am paidhir airgid, a chaidh mu a casan mar gu robh iad
air an dèanamh air a son.*

Mu dheireadh thog i a basgaid.

*"Trobhad, a Thoto," ars ise. "Togaidh sinn oirnn dhan
Bhaile Smàragach agus faighnichidh sinn dhan Oz mhòr ciamar
a gheibh sinn air ais gu Kansas a-rithist."*

L. Frank Baum, *Buidseach Oz*

THE SHOES

Returning from Raigmore
I noticed his new shoes
lying in his empty bedroom.

He had hardly worn them.

They were grey, decorated with green,
and with a novel reflector
on each heel.

Would they be on his feet again?
Would he ever stand on his feet again?

*At that moment Dorothy saw lying on the table the silver shoes
that had belonged to the Witch of the East.*

*"I wonder if they will fit me," she said to Toto. "They
would be just the thing to take a long walk in, for they could not
wear out."*

*She took off her old leather shoes and tried on the silver
ones, which fitted her as well as if they had been made for her.*

Finally she picked up her basket.

*"Come along, Toto," she said. "We will go to the Emerald
City and ask the great Oz how to get back to Kansas again.*

L. Frank Baum, *The Wizard of Oz*

AN STEATASGOP

Màiri agus Cara agus mi fhìn
ri taobh na leapa.
Ciaran na shuidhe an àird
's cluasagan air a chùlaibh.
Tha a ghnùis air a bhith mar gu robh i reòthte
fad là no dhà a-nis.

Tha Cara a' cluich le steatasgop.
Cuiridh i ann an cluasan a màthar e.
Gun rabhadh togaidh i an ceann eile
's nì i eubhachd a-steach ann.
Leumaidh Màiri gu a casan le clisgeadh.

Air bilean Chiarain
nochdaidh fiamh a' ghàire.

*   *   *

An ceann dà bhliadhna
bhiodh cuideigin san eaglais
a' toirt taing do Dhia gun tug E
a leithid de dh'fheabhas air Ciaran.

Sa chàr air an rathad dhachaigh
bhiodh Cara diombach -
"Chan e Dia ach mise *a rinn Ciaran nas fheàrr!*
Thug mise air gàire a dhèanamh!"

THE STETHOSCOPE

Mary, Cara and myself
beside the bed.
Ciaran propped up
with pillows behind him.
His face has been as if frozen
for a day or two now.

Cara is playing with a stethoscope.
She fits it into her mother's ears.
Without warning she lifts the other end
and yells down it.
Mary, of course, jumps up startled.

On Ciaran's lips
a smile appears.

*　　*　　*

Two years later
someone at the church
gives thanks to God
that Ciaran has progressed so well.

In the car on the way home
Cara is indignant -
"It wasn't God, but me, *that made Ciaran better!
I made him laugh!"*

DILSEACHD

Ciaran a' coimhead bhidio Mickey Mouse
- *Preantas a' Bhuidsich.*
Ach a bheil a shùilean a' faicinn càil?

Cluinnidh mi an uair sin bloigh de cheòl Bheethoven
air an telebhisean 's aig an aon àm chì mi
brù-dhearg sa ghàrradh tro uinneig an ospadail.
Ciall.
Ach a bheil mi gam mhealladh fhìn?
Cha chreid mi nach eil.

Mothaichidh mi ainm an telebhisean
- FIDELITY.
An e facal a tha siud bho Dhia dhomh?
A dhìlseachd riumsa 's mo dhìlseachd Ris?
No a bheil mi gam mhealladh fhìn
's a bheil anns an fhacal seo,
sa bhrù-dhearg seo, sa cheòl seo,
san tinneas seo
ach nithean tubaisteach gun chiall?

Càit a bheil mo chuid Cailbhineachais a-nis
's mo cheann pàganach làn de staitistic is
de thuaireaman daonna?

FIDELITY

Ciaran looking at a Mickey Mouse video
- *The Sorcerer's Apprentice.*
But are his eyes seeing anything?

I hear a snatch of Beethoven
on the television and at the same moment
glimpse through the hospital window
a robin in the garden.
Meaning.
But am I deluding myself?
I tend to think I am.

I notice the name of the television
- FIDELITY.
Is that a word from God to me?
His faithfulness to me and mine to Him?
Or am I kidding myself,
and the truth is that this word,
this robin,
this music,
this illness
are all meaningless accidents?

Where is my vaunted Calvinism now
and my head loaded out with statistics
and human guesses?

EIGE TEARLAIG

Rè nan seachdainnean tràtha eagalach ud
bhiodh Cara aig an taigh
(no aig taigh chuideigin),
na nighean còig bliadhna dh'aois
's i gu math tric na suidhe a' coimhead
ri bhidio ùr a fhuair i -
Charlotte's Web.

Dhrùidh ceòl a' bhidio gu domhainn ormsa
's a-nis fhèin trì bliadhna air adhart
ma chluinneas mi bloigh dheth
siud blas is fàileadh is cràdh an ama
a' leum orm mar bhèist às an oidhche
's thèid a fhiaclan 's ìnean an sàs sa bhad
nam chom 's nam chnàmhan loma.

Now is the hour when frogs and thrushes
Praise the world from the woods and rushes.
Sleep, my love, sleep, my only dear,
In the dark...

Why is she spinning and weaving
All night long?
What is she trying so hard to convey
With her silent song?

Sometimes when somebody loves you
Miracles somehow appear
And there in the warp and the woof of it
Is the truth of it...

Charlotte's Web.

Bhon oran le Richard M. Sherman & Robert B. Sherman

CHARLOTTE'S WEB

Throughout these early fearful weeks
Cara would be at home
(or at somebody's home),
a little girl of five,
quite often sat watching
her new video -
Charlotte's Web.

The music from that video affected me greatly
and even now three years on
if I hear any of it
the taste and smell and pain of the time
seize me like a beast from out of the night
and its teeth and claws pierce me
to my bones.

> *Now is the hour when frogs and thrushes*
> *Praise the world from the woods and rushes.*
> *Sleep, my love, sleep, my only dear,*
> *In the dark...*
>
> *Why is she spinning and weaving*
> *All night long?*
> *What is she trying so hard to convey*
> *With her silent song?*
>
> *Sometimes when somebody loves you*
> *Miracles somehow appear*
> *And there in the warp and the woof of it*
> *Is the truth of it...*
>
> *Charlotte's Web.*

SONG BY RICHARD M. SHERMAN & ROBERT B. SHERMAN

AN OIDHCHE AS MIOSA

Ospadal na Rathaig Mhòir.
Ciaran an seòmar dlùth-aire.
Air leth truagh.
Tiùbaichean 's uèaraichean ceangailte ris.

Tha leabaidh dhomh fhìn san rùm aige
le cùrtair a dhùnas timcheall oirre.
Nam laighe an sin cluinnidh mi
fuaimean ruithimeach an uidheim-eiridinn.
Borbhan is bìdil shòlasach na beatha.

Is e an Tighearna mo bhuachaille;
cha bhi mi ann an dìth.
Ann an cluainean glasa bheir e orm laighe sìos;
  làimh ri uisgeachan ciùine treòraichidh e mi...   SALM 23:1,2

Seach feuchainn ri cadal a dhèanamh,
's ann a thòisicheas mi às ùr air
An Deagh Sgeul aig Marcus.

Ar leam gu bheil gach dàrna taobh-duilleige
a' sealltainn neacheigin eile ga leigheas le Iosa.
Mar mhàthair-chèile Shìmoin 's i na laighe le fiabhras:

Thàinig e far an robh i,
rug e air làimh oirre 's thog e suas i.
Dh'fhàg am fiabhras i anns a' bhad...   MARCUS 1:31

Agus an lobhar a thàinig far an robh Iosa -

"Mas math leat,
tha e nad chomas mise a ghlanadh."
Bha truas mòr aig Iosa ris.
Shìn e a-mach a làmh,
bhean e dha, 's thuirt e ris,
"Is math leam dha-rìribh; bi nise slàn."   MARCUS 1:20-21

THE WORST NIGHT

Raigmore Hospital.
Ciaran in intensive care.
Critical.
Tubes and wires.

I have a bed to myself in his room
with a curtain which encloses me.
Lying there I can hear
the rhythmic sound of the support systems.
The consoling murmur and gurgle of life.

The LORD is my shepherd;
I shall not want.
He makes me to lie down in green pastures.
He leads me
Beside the still waters...   PSALM 23:1,2

Instead of trying to sleep
I start rereading the Gaelic version of
The Good News According to Mark.

It seems to me that on every second page
someone is being healed by Jesus.
Like Simon's mother-in-law of fever:

He went to her,
took her by the hand, and helped her up.
The fever left her...   MARK 1:31 TEV

And the leper who came to Jesus:

"If you want to," he said,
"you can make me clean."
Jesus was filled with pity,
and stretched out his hand and touched him.
"I do want to," he answered, "be clean!"   MARK 1:20-21

Agus an crioplach ris an duirt e,
"Eirich, tog leat do leabaidh agus coisich." MARCUS 2:11

B'e mo bheachd-sa gum bi Dia a' leigheas fhathast,
ach nach leighis E an còmhnaidh;
tha dìomhaireachd an fhulaing a' bagairt oirnn uile.

*   *   *

Fàsaidh Ciaran nas miosa tron oidhche.
Saoilidh mi gu bheil a bhuille-cuisle air lagachadh.
Cuiridh an nurs fios air an dotair.
Dotair còir Innseanach.
Cha charaich mi.
Fàgaidh mi mo chùrtair dùint'.
A' leigeil orm gu bheil mi nam chadal.
A-mach às an rathad.
Ach ri farchluais.
Chan eil cùisean buileach cho dona sin, a rèir coltais.
Ach feumaidh an nurs an fhìor dhlùth-aire chumail air.

Leughaidh mi earrann a-nis fon tiotal
Stoirm air a Casg:

Thàinig sgal gharbh air a' ghaoith,
's bha am bàta gu bhith làn
leis mar a bha na tuinn a' sadadh a-steach innte.
Bha Iosa na chadal san deireadh 's a cheann air cluasaig.
Thug iad air dùsgadh, 's thuirt iad ris,
"A Mhaighistir, a bheil thu coma
gu bheil sinn gu bhith bàthte?"
Dhùisg esan, 's chuir e casg air a' ghaoith,
's thuirt e ris na tuinn,
"Bithibh sàmhach, 's bithibh aig fois."
Shìolaidh a' ghaoth, 's thàinig fèath mhòr.
Thuirt e riusan,
"Carson a tha a leithid a dh'eagal oirbh?
An e nach eil sibh fhathast a' creidsinn?" MARCUS 4:37-40

Caisg an stoirm an ceann mo mhic, a Thighearna!

56

And the paralysed man to whom He said:
"Get up, pick up your mat, and go home!" MARK 2:11

My opinion was that though God still heals
He does not always heal.
The mystery of suffering threatens us all.

*   *   *

Ciaran gets worse as the night goes on.
I gather that his pulse is weakening.
The nurse sends for the doctor.
He is a personable Indian doctor.
I don't move.
I leave my curtain closed.
As if I am asleep.
Out of the way.
But listening.
Apparently things are not just so bad.
But the nurse has to monitor him very closely.

I begin to read the section entitled
Jesus Calms a Storm:

Suddenly a strong wind blew up,
and the waves began to spill over into the boat,
so that it was about to fill with water.
Jesus was in the back of the boat, sleeping with his head on a pillow.
The disciples woke him up and said,
"Teacher, don't you care that we are about to die?"
Jesus stood up and commanded the wind, "Be quiet!"
and he said to the waves, "Be still!"
The wind died down, and there was a great calm.
Then Jesus said to his disciples,
"Why are you frightened? Have you still no faith?"
MARK 4:37-40 TEV
Calm the storm in my son's head, O Lord!

*　　*　　*

Tillidh an dotair uair eile.
Fosglaidh mi an cùrtair 's èiridh mi nam shuidhe.
Bheir an dotair sùil orm gun smid a ràdh.
Saoil cò ris a tha mi coltach?
Bàinead na luibhre nam aodann.
'S nam shùilean, doineann chianail
nach deach fhathast a chasgadh.

＊　　＊　　＊

The doctor returns.
I open the curtain and sit up.
The doctor glances at me but says nothing.
What on earth do I look like?
A leprous whiteness in my face.
And in my eyes, a raging storm
which is far from being calmed.

"TUIREADH AGUS BRON AGUS TRUAIGHE"

1. A' Mhadainn a Bu Mhiosa

Agus an uair sin a' mhadainn ud.
A' mhadainn a bu mhiosa dhem bheatha.
Bha aodann staon. A shùilean claon.
Bha mi làn-chinnteach gu robh a eanchainn sgriost'
's nach aithnicheadh e gu bràth tuilleadh mi.
Gun do bhàsaich "Ciaran" ged a bha a bhodhaig beò.

Mura b'e gu robh mi nam Chrìosdaidh
cò aig' a tha fios nach robh mi air an t-aodann ud
a chòmhdachadh le cluasaig.
Chaidh mi gu rùm beag eile a leughadh nan Sgriobtaran,
oir is àbhaist dhomh earrann às an dà
Thiomnadh a leughadh gach là,
a' leantainn orm gu rianail tron Bhìoball.
An-diugh b'e caibideil an t-Seann Tiomnaidh Eseciel 2:

Agus thuirt e rium,
"A mhic an duine, seas air do chasan...
cluinn ciod a tha mise ag ràdh riut.
Na bi thusa eas-umhail
cosmhail ris an taigh eas-umhail sin:
fosgail do bheul,
agus ith an nì a bheir mise dhut."

Agus nuair a dh'amhairc mi,
feuch, bha làmh air a cur am ionnsaigh,
agus, feuch, bha ròla leabhair innte;
agus sgaoil e fam choinneamh e;
agus bha e sgrìobhte a-staigh agus a-muigh:
agus bha sgrìobhte ann tuireadh,
agus bròn, agus truaighe.

"LAMENTATION AND MOURNING AND WOE"

1. The Worst Morning

And then the morning.
The worst morning of my life.
His face was frozen. His eyes squint.
I was positive his brain was damaged
and that he would never recognize me again.
That "Ciaran" had died, though his body lived.

If I had not been a Christian,
who knows but that I might have
covered that face with a pillow.

I went to a small anteroom to read the Scriptures,
it being my habit to read a portion daily
from both Testaments,
working systematically through the Bible.
Today the Old Testament chapter was Ezekiel 2:

And He said to me,
"Son of man, stand on your feet...
hear what I say to you;
be not rebellious like that rebellious house;
open your mouth,
and eat what I give you."

And when I looked,
behold, a hand was stretched out to me,
and, lo, a written scroll was in it;
and He spread it before me;
and it had writing on the front and on the back,
and there were written on it
words of lamentation and mourning and woe.

Agus b'e caibideil an Tiomnaidh Nuaidh Eòin 11:

A-nis bha duine àraidh gu tinn,
dom b'ainm Làsaras o Bhetani...
Nuair a chuala Iosa seo, thubhairt e,
"Chan eil an tinneas seo a-chum bàis,
ach a-chum glòir Dhè..."

Nise, cha nòs dhomh idir a bhith a' leughadh
nan Sgriobtaran mar horasgop làitheil.
'S ann a bhios m'aire air co-theacs
is prionnsapail choitcheann.
Ach air a leithid seo de mhadainn,
a' mhadainn a bu mhiosa dhem bheatha,
shaoileadh tu nan robh Dia airson mì-thuigse
a sheachnadh gu robh e air liosta leamh
de dh'ainmean à Leabhar nan Aireamh a thoirt dhomh,
no earrann thioram air choreigin eile.

Chan eil an tinneas seo a-chum bàis...
fosgail do bheul agus ith an nì a bheir mise dhut...
tuireadh agus bròn agus truaighe.

Gu deimhinn chan fhaigheadh Ciaran bàs,
ach dh'fhàgtadh eanchainn sgriost'.
B'e sin mo bheachd-sa.
Ach le gràs Dhè
bha m' eagsaidìosas ceàrr.
Oir tha Ciaran air fàs nas fheàrr gu dearbh,
chun na h-ìre 's gur ann mar aiseirigh a tha sin dhòmhsa.
Chì mi a-nise na bha de dhòchas
's de chomhairle sna Sgriobtaran a bha siud.

And the New Testament reading was John 11:

And now a certain man was ill,
Lazarus of Bethany...
But when Jesus heard it he said,
"This illness is not unto death;
it is for the glory of God,
so that the Son of God may be glorified by means of it."

Now, it is not my habit to read the Bible
like a daily horoscope.
Rather, I try to note context and general principle.
But on such a morning as this,
the worst morning of my life,
you would have thought that if God
wished to avoid misunderstandings
He would have given me a bland list of names
from the Book of Numbers or some such.

This sickness is not unto death...
open your mouth, and eat what I give you...
lamentation and mourning and woe.

Ciaran was not going to die,
but his brain would be destroyed.
That was my conclusion.
But by the grace of God my "exegesis" was wrong.
For Ciaran has recovered so much
that it is like a resurrection to me.
I see now the hope and counsel
that were in these verses of Scripture.

2. Làsaras

A thaobh Làsarais b'e aiseirigh cnag na cùise.
Aiseirigh ghlan.
Ach rinn Iosa dàil a dh'aona ghnothach
mus tàinig E far an robh a charaid:

Uime sin nuair a chuala E gu robh Làsaras tinn,
dh'fhan E fhathast dà là anns an ionad san robh E.   EOIN 11:6

Leig E le Marta is Muire fulang
call am bràthar, eu-dòchas, ioma-chomhairle:

"A Thighearna, nam biodh Tusa an seo,
chan fhaigheadh mo bhràthair bàs," arsa Marta.   EOIN 11:21

"Eiridh do bhràthair a-rìs," ars Iosa.

"Tha fhios agam gun èirich e a-rìs
anns an aiseirigh air an là dheireannach," ars ise.

"Nach eil Agad ach so-labhrachd chràbhach
ri thabhann dhomh, a Thighearna?"
tha i 's dòcha faighneachd na cridhe -
"Cinn-teagaisg thioram a' Chreidimh?"

('S ann mar sin a bhithinn fhìn a' faireachdainn
a thaobh Chiarain an Dùn Eideann.
Aiseirigh air an là dheireannach?
Cha b'e cofhurtachd dhòmhsa sin
's mo mhac air a ragadh 's air a chràdhadh
air leabaidh fam chomhair,
gun chomas an carachadh bu lugha a dhèanamh,
gu ruige slugadh no fiù a bheul tioram donn
làn donnalaich a dhùnadh mu a theanga gun chlì
a bha còmhdaichte le plaosg mì-fhallain,
no a cheann ais-èignichte aomadh no a thionndadh,
no stad a chur air na làmhan gun fheum ud
nuair a thòisicheadh iad air cearcaill
a tharraing air a bhroilleach 's a ghuailnean air chrith.

2. Lazarus

As regards Lazarus, resurrection was the key factor.
Straightforward resurrection.
Except that Jesus deliberately delayed
coming to where his friend was:

So when He heard that Lazarus was ill,
He stayed two days longer in the place where He was.

JOHN 11:6

He allowed Martha and Mary to suffer
the loss of their brother, despair, bewilderment:

"Lord , if you had been here,
my brother would not have died," said Martha.

JOHN 11:21

"Your brother will rise again," said Jesus.

"I know that he will rise again
in the resurrection on the last day," she replies.

"Have You nothing but pious platitudes to offer me, Lord?"
maybe she is saying in her heart - "Religious clichés?"

(That was how I was to feel about Ciaran in Edinburgh.
Resurrection on the Last Day? - That was no comfort to me
with my son paralysed and tormented
on the bed before me,
incapable of initiating the slightest movement,
even to swallow
or to close his dry brown howling mouth
around his lifeless encrusted tongue,
or to turn or bend his back-wrenched head,
or to check his shoulder-tremors
or his shaking hands as they drew vicious circles
on his chest.

Agus dè an cor a bh' air inntinn bhochd?
Dè na smaointean a bha ceilte air chùl nan sùl ud?
Mo bhalachan! Mo bhalachan!

Aiseirigh air an là dheireannach?
Bha sin ro fhada air falbh.
Ro fhada air falbh.
Taobh thall a' bhogha-fhrois.
Cha robh ann dhòmhsa ach "A-nis" reòthte.
"A-nis" gun chrìoch.)

Ach sa bhad bha Marta am fianais Neach
aig nach robh ach An Seo agus A-nis:
"Is Mise an aiseirigh agus a' bheatha."   Eoin 11:25

Bu chòir dùil a bhith air a bhith agam ri dàil.
Agus "aiseirigh" na lùib.
Ach cha bhi mi a' cleachdadh an Sgriobtair mar horasgop.

3. Eseciel

Agus chì mi a-nise
gu robh an aon teachdaireachd ri leughadh
an sgeulachd Eseciel:

An sin thog an Spiorad suas mi,
agus thug e leis mi,
agus dh'imich mi ann an searbhadas...
An sin thàinig mi chum na muinntir
a bha nam braighdean...
agus shuidh mi far an do shuidh iadsan,
agus dh'fhan mi an sin seachd làithean
làn uabhais nam meadhan.

'S ann mar sin a thachair e.
Shuidh mi làn uabhais fad ùine
am measg braighdean an fhulaing an Dùn Eideann.
Ach aig deireadh an là, aig deireadh na h-*oidhche*,
bha tilleadh dhachaigh gu bhith ann,
agus bhiodh "aiseirigh" Chiarain *an seo* agus *a-nis*.

And what state was his poor mind in?
What thoughts were hidden behind those speechless eyes?
My son! My son!

Resurrection on the Last Day?
That was too remote.
Far too remote.
Beyond the rainbow.
For me there was only the frozen "Now".
The endless "Now".)

But suddenly Martha is in the presence of Someone
Who knows only Here and Now:
"I am the resurrection and the life."   JOHN 11:25

I ought to have been prepared for delay.
Followed by resurrection.
But it is not my habit to use Scripture like a horoscope.

3. Ezekiel

And I see now
that the same message is there
in Ezekiel:
The Spirit lifted me up,
and took me away,
and I went in bitterness...
and I came to the exiles...
And I sat there overwhelmed among them
seven days.

That was how it would be.
I sat overwhelmed for a duration
among the "exiles" of suffering in Edinburgh.
But at the end of the day, at the end of the *night*,
Ciaran's "resurrection" would be *here and now*.

67

4. Airigh a' Bhuachaille

Ach a' mhadainn a bha seo san Rathaig Mhòir,
a' mhadainn a bu mhiosa dhem bheatha,
bha mi cinnteach gu robh Dia
air mac le eanchainn sgrioste thoirt dhomh.

Leugh mi mo chuid Sgriobtair.
Thog mi orm gu caibeal an ospadail.
Dh'fhosgail mi mo bheul.
Agus bhris mi mo chridhe a' gal.

Ciamar a leiginn brath gu Màiri
's i aig an taigh le Cara?

Cha robh e fhathast 7.00 uairean sa mhadainn.
Bha fhios nach dùraiginn càil a ràdh ri Màiri
gun dearbhadh fhaighinn ro-làimh bho na dotairean.
Cha bhiodh a' chuairt-maidne aca gu faisg air 11.00.
Agus ciamar a bhruidhninn ri Màiri
gun Cara bhith còmhla rithe?
Cho-dhùin mi gun rachainn an toiseach gu taigh chàirdean.
Gun tillinn a dh'fhaicinn nan dotairean.
Gun tigeadh mo charaid dhachaigh maille rium
a ghabhail cùraim de Chara
fhad 's a bhruidhninn-sa ri Màiri.

Ghabh mi fras-ionnlad.
Tha sin cho soilleir nam inntinn fhathast.
An solas cruaidh air na leacagan geala.
Na pìoban meatailt gleansach.
An siabann. An drèana. An tubhailte.
Solas cruaidh. Solas cruaidh.

Linne Mhoireibh sgaoilte fodham 's mi a' dràibheadh.
Aig 7.30 a.m. nam sheasamh nam thaibhse
air stairsneach *Airigh a' Bhuachaille*,
taigh David is Ruth Shepherd an Cùl Lodair.

4. Airigh a' Bhuachaille ("The Shepherd's Sheiling")

But on this particular morning in Raigmore,
the worst morning of my life,
I was convinced that God had given me
a son with a destroyed mind.

I read my bit of Scripture.
I went to the hospital chapel.
I opened my mouth.
And I broke my heart crying.

How to tell Mary
who was at home with Cara?
It wasn't yet 7.00 a.m.
Of course I didn't dare mention anything to Mary
without confirmation beforehand from the doctors.
Their morning round would not be till near 11.00.
And how to speak to Mary
without Cara present?
I decided to go first to the house of friends.
Then return to see the doctors.
And my friend could care for Cara
as I spoke to Mary.

I took a shower.
It is still so clear in my mind.
The harsh light on the white tiles.
The bright metal pipes.
The soap. The drain. The towel.
The harsh light. The harsh light.

The Moray Firth beneath me as I drive.
At 7.30 I stand like an apparition
on the threshold of *Airigh a' Bhuachaille*,
David and Ruth Shepherd's home in Culloden.

(Air a' mhadainn a bu duirche dhem bheatha
's ann gu ur doras-se chaidh mi.
Chaidh an doras fhosgladh gu farsaing,
agus tha e fosgailte fhathast.)

Thill David còmhla rium ach am faicinn na dotairean.
Chaidh innseadh dhomh gu robh e tuilleadh 's tràth
an cùrsa an tinneis a bhith cinnteach à cùisean.
Cha robh mi gan creidsinn.
'S mi fhìn a bha cinnteach.
Ach bha mi glic gu leòr
gun a bhith cantainn càil ri Màiri fhathast.
Thadhladh i air Ciaran feasgar
agus cò aig' a bha fios nach togadh e air ron àm sin.
Le gràs Dhè nach ann mar sin a thachair.
Bha Ciaran mothachail greis fhad 's a bha Màiri an làthair.
Ach an ath mhadainn a-rithist bha e na bu mhiosa buileach.
Bha Màiri maille rium an turas seo,
's bha sinn le chèile dearbhte gu robh inntinn air chall.
Ghal sinn le chèile sa chaibeal.

Chaidh sinn far an robh David is Ruth.
Ach am feasgar a bha siud thàinig e thuige a-rithist.
Mhablaich e facal dhomh.
Chaidh mi sìos trannsa an ospadail a chur fòn gu David.
Cha mhòr nach robh mi guanach.
Air dhomh dol seachad air dotair dh'eubh mi
"Am faca tu Ciaran? Tha e na shuidhe an àird!"
An dèidh sin thuig mi gun do thog na nursaichean e
air cluasagan a-chum misneachd a thoirt dhomh.

Dh'fhònaig mi David.
"Tha Ciaran beò!" dh'eubh mi.
"Bhruidhinn e rium!
Chan eil e air chall!"

Mise a' rànail air a' fòn ri David.
David còir. David bochd.

(On the darkest morning of my life
it was to your door that I came.
That door was opened wide,
And is open still.)

David came back with me to see the doctors.
I was told that it was too early in the illness
to be certain of the outcome.
I didn't believe them.
I was certain all right.
But I was wise enough
not to say anything to Mary meanwhile.
She would be visiting Ciaran later in the afternoon
and who could say that he wouldn't rally a bit before then.
By the grace of God that was what happened.
Ciaran was *compos mentis* briefly while Mary was there.
But the next morning he was altogether worse again.
Mary was with me this time,
and we were both sure
his mind was gone.
We wept together in the chapel.

We went to David and Ruth's.
But that afternoon he surfaced again.
He mumbled a word to me.
Away I went down the hospital corridor to phone David.
I was practically delirious.
Passing a doctor I cried
"Have you seen Ciaran? He's sitting up!"
At the back of my mind I realized the nurses
had raised him on pillows to encourage me.

I phoned David.
"He's alive!" I shouted
"Ciaran was conscious!
He spoke to me!"

Howling on the phone to David.
Poor David. Dear David.

RICHARD AN CLARAICHE

An là bha seo dh'fhaighnich
Richard an Clàraiche dhìom
dè mo chor.

Cor bochd, fhreagair mi,
ach chun na h-ìre 's gu robh mi
a' cumail a' dol bha mi a' mìneachadh
chùisean bho thaobh na Crìosdaidheachd.

"Yes," ars esan,
*"all religions have their own ways
of rationalizing Fate!"*

RICHARD THE REGISTRAR

One day
Richard the Registrar asked me
how I was doing.

Not so good, I replied,
but to the extent I was keeping going
I was using the Christian framework.

"Yes," he said,
"all religions have their own ways
of rationalizing Fate!"

Chì dian-chreideamh Iob sa bhad làmh Dhè sa h-uile tachartas 'nàdarra'. Chan eil 'tubaistean' ann, ann an cruinne-cè ga riaghladh leis an aon Tighearna àrd-uachdaranail. Sin fàth dubh-cheist Iob. Chan eil a leithid de sgiorraidhean nan dubh-cheist dhan ioma-dhiadhach, dhan dà-bhun-fhàthach, dhan dia-àicheanach, dhan nàdarraiche, dhan dàntaiche, dhan stuthaiche, dhan agnostach. Nan dragh, fiù nam briseadh-cridhe, ach chan eil nan dubh-cheist. Aig deireadh an là chan eil fulangas air tàillibh olcas an duine no neart Nàdair na dhubh-cheist ach dhan neach a chreideas san aon Chruithear a tha an dà chuid math agus uile-chumhachdach; uime sin cha tog a' cheist seo ceann ach am broinn a' Bhìobaill le a aon-dhiadhachas moralta sònraichte.

Chan fhaic Iob ach làmh Dhè sna tachartasan seo. Cha tig e a-steach air idir luchd-reubainn an fhàsaich a mhallachadh, freiceadanan na crìche a mhallachadh, no a sheirbheisich mhaol-cheannach fhèin a mhallachadh, 's iad nan laighe marbh mar thoradh air an dìth aire. Thèid gach adhbhar dàrnach às an t-sealladh. 'S e an Tighearna a thug seachad; 's e an Tighearna a thug leis, agus feumar ciall nan tachartasan neònach a lorg san Tighearna a-mhàin.

Chan eil creideamh Iob na fhaochadh, ach na adhbhar, dha chràdh.

Tha Dia air ro-aithris air a' bhàs a thoirt dha.

FRANCIS I. ANDERSEN, *JOB: TYNDALE OLD TESTAMEENT COMMENTARIES*, TT.DD. 86,88,89, IVP

The intense faith of Job immediately sees the hand of God in every 'natural' event. There are no 'accidents' in a universe ruled by the one sovereign Lord. Hence Job's problem. Such mishaps are not a problem for the polytheist, the dualist, the atheist, the naturalist, the fatalist, the materialist, the agnostic. An annoyance, a tragedy even, but not a problem. Suffering caused by human wickedness or by the forces of nature is ultimately a problem only for a believer in the one Creator who is both good and almighty; so this problem can arise only within the Bible with its distinctive moral monotheism.

Job sees only the hand of God in these events. It never occurs to him to curse the desert brigands, to curse the frontier guards, to curse his own stupid servants, now lying dead for their watchlessness. All secondary causes vanish. It was the Lord who gave; it was the Lord who removed; and in the Lord alone must the explanation for these strange happenings be sought.

Job's faith does not relieve his agony; it causes it.

God has given him a rehearsal for death.

FRANCIS I. ANDERSEN, *JOB: TYNDALE OLD TESTAMENT COMMENTARIES*, PP. 86, 88, 89, IVP

A' HEILEACOPTAR

Na lannan a' cur char.
Cuairt-ghaoth.
Ioma-ghaoth.
Toirm-ghaoth.
A' togail rùim bhig uaine
's sìneadair na bhroinn,
agus Ciaran
cianail
tinn.

Rùm beag uaine
ag èirigh,
ag èirigh,
a' sìor fhàs nas lugha
sna speuran,
a' siubhal thar fàire
thar fàire mo chridhe
thar fàire mo thuigse
gu iomall mo dhòchais
gu fìor iomall mo chreidimh.

Màiri 's mi fhìn nar seasamh.
A' sealltainn an taobh a chaidh e.
Sneachd mu ar casan.
Deigh mu ar cridhe.

Aig an taigh chì sinn e
air naidheachdan an telebhisean.
A' heileacoptar air Lèanan Dhùn Eideann.
Ciaran
ga ghiùlan
gu carbad-eiridinn.

Ciaran
cian
tro uinneig,
tro bhàlla criostail.
Ciaran.

THE HELICOPTER

The rotors spinning.
Eddy.
Gust.
Whirlwind.
Lifting the small green room
in which lies a stretcher
and Ciaran
desperately
ill.

A small green room
rising,
rising,
growing smaller
in the sky,
heading over the horizon
the horizon of my heart
the horizon of my mind
to the edge of my hope
to the absolute edge of my faith.

Mary and I standing.
Watching him go.
Snow around our feet.
Ice around our heart.

At home we see him
on the TV.
The helicopter on the Edinburgh Meadows.
Ciaran
carried
to an ambulance.

Ciaran
far away
through a window
through a crystal ball.
Ciaran.

Choinnich a' ghaoth a tuath agus a' ghaoth a deas far na sheas an taigh, a' dèanamh teis-meadhan na cuairt-ghaoithe dhen àite. Mar as trice bidh an t-àile na thàmh am buillsgean cuairt-ghaoithe, ach leis an teannachadh mhòr a bha air a h-uile taobh dhen taigh chaidh a thogail na b' àirde 's na b' àirde gus an robh e aig fìor bhàrr na cuairt-ghaoithe. Dh'fhan e an sin agus chaidh a ghiùlan fad mhìltean is mhìltean cho furasda 's a thogadh tu ite.

Bha e glè dhorch, agus bheuc a' ghaoth gu h-uabhasach timcheall oirre, ach fhuair Diorbhail a-mach gu robh i a' marcachd gu math furasda. As dèidh a' chiad char no dhà, agus turais eile nuair a dh'aom an taigh gu dona, dh'fhairich i mar gun robh i ga tulgadh gu ciùin, mar naoidhean ann an creathail.

L. FRANK BAUM, BUIDSEACH OZ

The north and south winds met where the house stood, and made it the exact centre of the cyclone. In the middle of a cyclone the air is generally still, but the great pressure of the wind on every side of the house raised it up higher and higher, until it was at the very top of the cyclone; and there it remained and was carried miles and miles away as easily as you could carry a feather.

It was very dark, and the wind howled horribly around her, but Dorothy found she was riding quite easily. After the first few whirls around, and one other time when the house tipped badly, she felt as if she were being rocked gently, like a baby in a cradle.

L. FRANK BAUM, *THE WIZARD OF OZ*

IOMHAIGHEAN ESECIEL

Agus a-nis trì bliadhna air adhart
saoilidh mi gu bheil mi a' lèirsinn cha mhòr a h-uile nì
anns na caibideilean tràtha ud de dh'Eseciel,
gu seachd àraid mas ann mar fhear-ealain a leughas mi iad
seach mar dhiadhair ceart-chreidmheach.

Dh'ainmich mi mu thràth fàisneachd a' bhròin
     's a' bhraighdeanais.
Agus abair gu robh "beul fosgailte" aig Ciaran.   2:8; 3:2
Ach siud againn ioma-ghaoth cuideachd ga riochdachadh
ann an dòigh a chuireas nam cheann-sa co-dhiù
an dà chuid cuairt-ghaoth Oz agus fiù heileacoptar.
Gu dearbh tha pearsachan samhlachail an làthair an seo
a bheir gu mo chuimhne bhreisleachail caractaran Oz:

Agus dh'amhairc mi, agus, feuch,
ghiùlain iomaghaoth on àird a tuath neul mòr
a bha air a chuartachadh le fillidhean teine...

Agus a-mach as a mheadhon mar an ceudna
thàinig coslas ceithir bheò-chreutairean...

Airson coslas an aghaidhean,
bha aca nan ceathrar aghaidh duine...
aghaidh leòmhainn ...
aghaidh daimh ...
aghaidh iolaire.

Agus chuala mi fuaim an sgiathan,
mar thoirm mòran uisgeachan,
mar ghuth an Uile-chumhachdaich...   1:4,5,10,24

THE IMAGERY OF EZEKIEL

And now three years later
I think I discern almost everything
in those early chapters of Ezekiel,
especially if I read them as an artist
rather than as an orthodox theologian.

I already mentioned the "lamentation" and the "exiles".
And Ciaran certainly had an "open mouth".   2:8; 3:2
But we also have a whirlwind presented
in a manner which brings to my mind anyway
the cyclone of Oz, and also the helicopter.
In fact there are symbolic personages here
which suggest to my stressed mind the characters of Oz:

I looked, and I saw a windstorm coming out of the north...

And in the fire was what looked like four living creatures...

Their faces looked like this:
Each of the four had the face of a man,
the face of a lion...
the face of an ox...
the face of an eagle.

Above the heads of the creatures there was something
that looked like a dome made of dazzling crystal...

I heard the noise their wings made in flight;
it sounded like the roar of the sea,
like the noise of a huge army,
like the voice of Almighty God...   1:4,5,10,22,24 NIV,TEV

Chì mi pairilis teanga agus cuirp:

Agus bheir mise air do theangaidh leantainn rid ghiall,
air chor is gum bi thu balbh...

Agus feuch, cuiridh mise cuibhrichean ort,
agus cha tionndaidh thu thu fhèin on aon taobh
gus an taobh eile,
gus an crìochnaich thu làithean do shèisdidh.   3:25,26; 4:8

Ach chì mi mar an ceudna bogha-froise an dòchais
agus àrd-uachdaranachd Dhè an siud an teis-meadhan
a' chuairt-shlugain seo de dh'ìomhaighean:

Mar choslas a' bhogha a tha anns an neul ann an là na froise,
b' amhail dreach an dealraidh mun cuairt.
B'e seo foillseachadh samhladh glòir an Tighearna.   1:28

Ann an aon ìomhaigh mhòir, iol-chruthaich, "mhì-chiallaich"
tha Eseciel a' cur an cèill tuairgneadh m' fhèin-fhiosrachaidh
de thinneas Chiarain.

There is paralysis of tongue and body:

I will paralyse your tongue...

I will tie you up so that you cannot turn
from one side to the other until the siege is over.

3:26; 4:8, TEV

And I also see the rainbow of hope
and of God's sovereignty here in the midst
of this vortex of images:

Like the appearance of a rainbow in the clouds
on a rainy day, so was the radiance around him.   1:28 NIV

In one huge, swirling, multi-faceted, "demented" image
Ezekiel captures my experience of Ciaran's illness.

"THA MO SHEALGAIR GUN EIRIGH"

A' chiad là no dhà an Dùn Eideann
cha robh cinnt aig Màiri no agam fhìn
co-dhiù a bha Ciaran gar n-aithneachadh
gus nach robh.

Ach bha an t-àrd-lighiche Dr Brown dhen bheachd
gu robh, oir shaoil e gu robh an taobh de dh'eanchainn Chiarain
a dhèilig ri smaoineachadh air a dheagh ghleidheadh.
Bha a' bhuaidh bu mhotha aig a' bhìoras air a bhith
sa bhasal ganglia, roinn aig bun na h-eanchainne
a ghabhas os làimh gluasad na bodhaige.

Mar seo bha e air leth riatanach gum biodh pàrant
maille ri Ciaran a h-uile là.
Ghabh mise ùine bhàrr na sgoile mar sin,
agus bha mi gu bhith maille ris an sin
barrachd air trì mìosan.

Rachadh dà mhìos seachad mus fhaiceadh sinn
a chomas-carachaidh a' tilleadh,
agus 's ann beag air bheag dha-rìribh a thill e o sin a-mach.

Rè nan seachdainean tràtha sin
bhiodh uaireannan a thìde ann gach là
nuair a chaidh a ghuailnean air chrith
's a rinn a làmhan na h-aon chearcallan
do-smachdaichte air a bhroilleach.

Fad an t-siubhail bhiodh e a' sgiamhail.
A rèir Dr Brown cha robh pian àraid air
ach breisleach coitcheann - "emotional incontinence".
Co-dhiù ghiùlaininn timcheall a' uòrd e
mar leanabh nam uchd
gus furtachd air choreigin a thoirt dha,
a' bruidhinn ris mu na dealbhan air a' bhalla.

"MY HUNTSMAN CANNOT RISE"

For the first day or two in Edinburgh
Mary and I were unable to be sure
whether Ciaran was recognizing us or not.

But the consultant Dr Brown thought he was,
and that the cognitive part of Ciaran's brain
was "well preserved".
The influence of the virus was most apparent
in the basal ganglia, an area at the base of the brain
which governs movement.

Consequently, it was highly desirable that a parent
should be to hand every day.
I took compassionate leave from the school,
and was to be more than three months
with Ciaran in the Edinburgh hospital.

Two months would pass before we would see
any controlled movement returning,
with a very slow build-up thereafter.

Throughout those early weeks
there were times when for hours
his shoulders would quake
and his hands would move in those
same circles on his chest.

All the while he would be loudly wailing.
According to Dr Brown this was not due to
a specific pain but rather to "emotional incontinence".
Anyway, I would carry him around the ward
like an infant in my arms
to try to offer some sort of solace to him.
I would talk to him about the pictures on the wall.

Uaireannan chluichinn teipichean-ciùil dha -
Beethoven, Vivaldi, Disney,
Ailean Stivell, Donaidh Dòtaman.
Agus aon teip le Iseabail NicAsgaill.

Air dhomh tilleadh uair bho ghreim bìdh fhaighinn
chuala mi guth Iseabail a' seinn:

Tha mo shealgair na shìneadh,
Na shìneadh, na shìneadh.
Tha mo shealgair na shìneadh,
'S e san fhrìth gun tighinn dhachaigh.

Tha mo shealgair gun èirigh,
Gun èirigh, gun èirigh.
Tha mo shealgair gun èirigh,
'S tha na fèidh air an leacainn.

Il m'a rendu la vie impossible,
il m'a paralysé
et laissé sans voix.

(Thug e dhomh beatha nach gabh giùlan ,
chuir e fo phairilis
's dh'fhàg e gun ghuth mi.)

TUIREADH IEREMIAH 3:11, *EN FRANÇAIS COURANT*

86

Sometimes I would play taped music to him -
Beethoven, Vivaldi, Disney,
Ailean Stivell, Donaidh Dòtaman.
And a tape by Iseabail NicAsgaill.

On one occasion I returned from lunch
to hear Iseabail's voice singing

My huntsman is fallen,
Is fallen, is fallen.
My huntsman is fallen,
From the deer-moor he'll come not home.

My huntsman cannot rise,
Cannot rise, cannot rise,
My huntsman cannot rise,
And on the mountain-side graze the deer.

Il m'a rendu la vie impossible,
il m'a paralysé
et laissé sans voix.

(He has made my life impossible,
he has paralysed me
and left me without a voice.)

LAMENTATIONS 3:11, *EN FRANÇAIS COURANT*

AN RATHAD BREIGEACH BUIDHE

A rèir litreachas nan dotairean
cha robh ach seachdnar chloinne eile san t-saoghal
air an robh a leithid de rud ri eucail Chiarain.
Bha iad uile air a bhith na b'òige na esan,
agus an t-adhartas aca gu math mì-chinnteach,
's iad eadar sia mìosan agus dà bhliadhna co-dhiù
a' tighinn bhuaipe.

Bha e gu math doirbh a ràdh a rèisde
dè am feabhas a bhiodh air Ciaran,
no an robh feabhas gu bhith air idir.
Bha Dr Brown dòchasach, ge-ta.
Bha e dhen bheachd gu robh eanchainn Chiarain
air fàilligeadh, fo bhuaidh a' bhìorais,
ann an toirt ceimig àraidh gu cinneas.
As aonais na susbaint seo cha b'urrainn dha eanchainn
toirt air a bhodhaig carachadh.

Ach bha dòchas ann gun gabhadh a' cheimig seo
a thoirt air ais dha ann an cruth droga.
Bha an stuth seo, air an robh 'Sinemet' no 'Dopamine',
air a chur gu feum le daoine air an robh
an Tinneas Parcansonach.
Uaireannan bhiodh adhartas iongantach ann.
Uaireannan eile bhiodh cùisean mòran na bu mhaille.

'S e pileachan buidhe a bh' anns an t-'Sinemet'.
B' iad seo 'clachan-creadha' beaga
ar Rathaid Bhreigich Bhuidhe.
Rathad fada corrach slaodach.
Rathad a chaidh tro ghleann air an robh sgàile
na bu mhiosa na am bàs.
Ach rathad adhartais a ghabhadh sinn
dhachaigh air a' cheann thall.

YELLOW BRICK ROAD

According to the 'literature'
only six other children in the world
had suffered a comparable illness to Ciaran.
They were all younger than he,
their recoveries had been varied,
in the region of six months to two years.

It was not possible therefore to predict
the course of Ciaran's recovery,
or to be confident of any recovery at all.
Nontheless, Dr Brown remained optimistic.
He considered that Ciaran's brain was,
under the effects of the virus,
failing to produce a particular chemical.
Without this substance, the brain could not
initiate movement in the body.

Hopefully, though, this chemical could be
replaced with a drug.
This drug, known as 'Sinemet' or 'Dopamine',
was used to treat folk with Parkinson's Disease.
Occasionally there were remarkable results.
At other times progress was slower.

The Sinemet tablets were yellow.
These were to be the minute bricks
which paved our Yellow Brick Road.
A long, slow, difficult road.
A road which went through a valley
shadowed by something worse than death.
But a road of recovery which
would at last lead us home.

"An d'rinn thu cnead?" dh'fhaighnich Diorbhail.

"'S mi a rinn," fhreagair an Duine Staoin. "Tha mi air a bhith ri uchdanachadh fad còrr is bliadhna, agus cha chuala neach sam bith mi riamh roimhe 's cha tàinig duine gu mo chobhair."

"Dè nì mi dhut?" dh'fhaighnich i gu ciùin, oir chuir guth brònach an duine truas mòr oirre.

"Glac canastair-ola agus cuir ola air m'altan," fhreagair e. "Tha iad cho meirgeach fhèin 's nach gabh iad carachadh; ma thèid mo dheagh olachadh bidh mi air mo dhòigh a-rithist ann an ùine gun a bhith fada. Gheibh thu canastair-ola air sgeilp sa bhoth agam."

Thog Diorbhail oirre sa bhad air ais dhan bhothan agus lorg i an canastair-ola, agus an uair sin thill i 's dh'fhaighnich i, gu h-iomagaineach, "Càit a bheil t'altan?"

"Cuir an ola air m'amhaich an toiseach," fhreagair an Coilltear Staoin. Chuir i ola air amhaich, agus bhon a bha a' mheirg cho dona ghabh am Bodach-Ròcais grèim air a' cheann staoin agus chuir e car socair dheth bho thaobh gu taobh gus na dh'obraich e gu saor, agus an uair sin chaidh aig an duine air a ghluasad leis fhèin.

"Cuir ola a-nis air altan mo ghàirdeanan," thubhairt e. Chuir Diorbhail ola orra agus charaich am Bodach-Ròcais iad gu faiceallach gus an robh iad cuidhteas a' mheirg agus cho math 's a bha iad riamh.

Leig an Coilltear Staoin osna toileachais-inntinn, agus dh'ìslich e a thuagh, ga cur an taic na craoibhe.

"'S e furtachd mhòr a tha seo," ars esan. "Tha mi air a bhith a' cumail na tuaigh ud an àirde san adhar bhon a mheirg mi, agus 's mi a tha toilichte comas a bhith agam a leagail mu dheireadh thall. Nise, ma dh'olaicheas tu altan mo chas, bidh mi air mo dhòigh a-rithist."

Uime sin chuir iad ola air na casan aige gus am b'urrainn dha an carachadh gu saor; agus thug e taing a-rithist 's a-rithist dhaibh gun deach a chur saor, oir a rèir coltais 's e creutair air leth modhail is taingeil a bh' ann.

"Dh'fhaodte gu robh mi air seasamh an sin a chaoidh mura b'e gun do nochd sibh," ars esan; "shàbhail sibh mo bheatha gun teagamh."

L. Frank Baum, Buidseach Oz

"Did you groan?" asked Dorothy.

"Yes," answered the Tin Man, "I did. I've been groaning for more than a year, and no one has ever heard me before or come to help me."

"What can I do for you?" she enquired, softly, for she was moved by the sad voice in which the man spoke.

"Get an oilcan and oil my joints," he answered. "They are rusted so badly that I cannot move them at all; if I am well oiled I shall soon be all right again. You will find an oilcan on a shelf in my cottage."

Dorothy at once ran back to the cottage and found the oilcan, and then she returned and asked, anxiously, "Where are your joints?"

"Oil my neck first, please," replied the Tin Woodman. So she oiled it, and as it was quite badly rusted the Scarecrow took hold of the tin head and moved it gently from side to side until it worked freely, and then the man could turn it himself.

"Now oil the joints in my arms," he said. And Dorothy oiled them and the Scarecrow bent them carefully until they were quite free from rust and as good as new.

The Tin Woodman gave a sigh of satisfaction and lowered his axe, which he leaned against the tree.

"This is a great comfort," he said. "I have been holding that axe in the air ever since I rusted, and I'm glad to be able to put it down at last. Now, if you will oil the joints of my legs, I shall be all right once more."

So they oiled his legs until he could move them freely; and he thanked them again and again for his release, for he seemed a very polite creature and very grateful.

"I might have stood there always if you had not come along," he said; "so you have certainly saved my life."

L. FRANK BAUM, THE WIZARD OF OZ

LOISTINN NAM PARANT
SAN OSPADAL

Gaoth-oidhche an Fhaoillich
gun abhsadh a' crathadh na h-uinneige
aig ceann mo leapa
le a siota plastaig fodham.

Tha dà leabaidh san t-seòmar bheag chaol seo,
's ciste-dhràthraichean bheag eatarra.
Air a' chiste tha Bìoball purpaidh Gideonach
agus carton-bainne làn uisge a dh'òlas mi tron oidhch'.

Fòn na trannsa a' sìor sheirm. Saoil
an ann dhomhsa tha e an triop seo?
Ciaran! Ciaran!
Fuaim chasan. Guth socair.

Mise ag èisdeachd fom phlaide.
Gnogadh air doras. Doras eile.
Ainm ga èigheachd. Chan e m'ainm-sa.
A' leigeil m' analach a-rithist. Ciaran! Ciaran!

Cèis-fhiodha na h-uinneige a' dèanamh gleadhraich
's gam chumail nam dhùisg.
Fillidh mi bileag mu Ostail Aillse-fala Alecsandra
agus sparraidh mi i a-steach air oir na h-uinneige

ach am faigh mi faochadh bhon fharam.
Tha an leabaidh eile falamh.
Cha do nochd fhathast an duine
a bha gu bhith tighinn a-raoir.

*   *   *

THE PARENTAL LODGINGS
IN THE HOSPITAL

January night wind
ceaselessly shaking the window
at the head of my plastic-sheeted bed.
There are two beds in this small narrow room,

with a small chest of drawers between them.
On the chest there lies a purple Gideon's Bible
and a water-filled milk-carton
from which I drink during the night.

The corridor-phone forever ringing.
I wonder if it's for me this time?
Ciaran! Ciaran!
Sound of feet. Lowered voice.

Me listening under my blanket.
Knock on a door. Some other door.
A name being called. Not mine.
Breathing again. Ciaran! Ciaran!

The window's wooden frame rattling
and keeping me awake.
I fold an Alexandra Leukaemia Hostel leaflet
and jam it into the edge of the window,

seeking relief from the noise.
The other bed is empty.
The man who was to occupy it
last night has not yet appeared.

*   *   *

Aisling.
Mise air sìneadair-cuibhle gam stiùireadh tro uòrd.
Tha mo ghàirdean sìnt' a-mach 's driop ceangailte rim làimh.
Gilead dhotairean 's bhanaltram timcheall orm.

Nam stad ri taobh leapa. Saoil cò tha innte?
Feuchaidh mi rim cheann a thionndadh ach am faic mi.
Cha charaich mo cheann. Chan eil clì nas motha
nam làmhan no nam chasan. Tha mi fo phairilis!

        *　　*   *　　*   *

A' mhadainn. Tha duine san leabaidh eile a-nis.
Duine mòr le falt dubh. Mar thuathanach.
Chaidh opairèisean a dhèanamh air cridhe a mhic a-raoir.
Chaidh gu math leotha. Tha iad glè dhòchasach.

Is mise an Dia Uile-chumhachdach;
  gluais thusa am fhianais, agus bi iomlan.　　GENESIS 17:1

Bhon tha Thu uile-chumhachdach, a Thighearna,
ceadaich gun *gluais* Ciaran ad fhianais
agus gum bi e *iomlan.*

94

Dream.
I am on a stretcher being wheeled through a ward.
My arm is extended with a drip attached to my hand.
Whiteness of doctors and nurses around me.

Stationary beside a bed. Who's in it, I wonder?
I try to turn my head to look.
My head won't move. Neither is there any response
from my arms or legs. I am paralysed!

*   *   *

Morning. There's someone in the other bed now.
A big man with black hair. Like a farmer.
An operation was carried out on his son's heart last night.
Things went well. They are very hopeful.

I am Almighty God;
move before me, and be complete/perfect.

GENESIS 17:1, THE GAELIC BIBLE

Since You are almighty, Lord,
let Ciaran *move* before You
and be *complete.*

RIONNAG

Oidhche a bha seo,
Ciaran na laighe rag
's mise nam shuidhe,

sheall sinn suas còmhla
tro uinneig a' uòrd
air an aon rionnag

san adhar dhubh.

TURAS DHAN BHUTH

O sibhse uile a tha a' gabhail an rathaid,
amharcaibh agus faicibh a bheil bròn sam bith
cosmhail rim bhròn-sa... TUIREADH IEREMIAH 1:12

Caog-shùileach an solas na grèine,
a' spleuchdadh air coisichean eile Rathad Mharchmont
's iad cho dripeil, cho gnothachail, cho neo-aireil.

Mar phrìosanach a gheibh e fhèin
gu h-obann as dèidh bhliadhnachan
air taobh a-muigh geata a dhaorsa.

Saor ann an saoghal nach buin dhomh,
ceannaichidh mi cnothan-làir saillte.
Pinnt bainne. Cnogan iogairt.

Agus tillidh mi
dhem dheòin
dham chealla.

STAR

One night,
Ciaran lying immobile,
myself sat beside him,

we looked up together
through the ward window
to the single star

in the black sky.

TRIP TO THE SHOP

All you who ply the road,
look and see if there is any sorrow
like my sorrow.   LAMENTATIONS 1:12

Blinking in the sunshine, squinting at
the other pedestrians on Marchmont Road,
so bustling, purposeful, carefree.

Like a convict who, after years,
suddenly finds himself
outside the gate of his internment,

free in a world which does not belong to me,
I buy some salted peanuts.
A pint of milk. Some yoghurt.

And return
of my own free will
to my cell.

LEABHAR IOB

'S e leabhar Iob a bha mi a' leughadh a-nis
ann an Ostail nam Pàrant.
Caibideil làitheil mar a b'àbhaist
's mi nam shuidhe air an leabaidh.

Chaill e a chlann, a mhaoin, a shlàinte.
San aon là.
B'e comhairle a mhnà:
Mallaich Dia, agus faigh bàs.

Thàinig a chairdean.
Thòisich iad gu math.
Cha duirt iad càil.
Shuidh iad ri thaobh san stùr
fad seachd là
's rinn iad gul.

Ach bho sin a-mach chaidh iad air iomrall.
Bha iad airson cùisean a mhìneachadh dha.
Comhairle a thoirt seachad dha.
Feumaidh e bhith gun do pheacaich Iob.
Bha aithreachas a dhìth air.
Creideamh a dhìth air.
Gliocas a dhìth air.

Ach 's e campar a chuir iad air Iob
's làn-fhios aige gu robh iad ceàrr.
Gu robh dìomhaireachd a' tachairt an seo.
Dìomhaireachd dhubh-fhaclach dho-mhìneachaidh.
Mo Dhia, carson a thrèig thu mi?

Tha creideamh uasal aige -
Thug an Tighearna seachad,
agus thug an Tighearna leis:
beannaichte gu robh ainm an Tighearna.

THE BOOK OF JOB

The Book of Job is what I am
now reading in the parent lodgings.
A daily chapter as always,
sat on my bed.

He lost his children, goods, health.
In one day.
His wife's advice was:
Curse God and die!

His friends arrived.
They started OK.
They said nothing.
They sat beside him in the dust
for seven days and nights
and cried.

But from then on they lost the place.
They wanted to explain things to him.
To counsel him.
Job must have sinned.
He lacked repentance.
He lacked faith.
He lacked wisdom.

They just got up Job's nose.
He knew perfectly well they were wrong.
That a mystery was in progress here.
An impenetrable, unfathomable mystery.
My God, why have you forsaken me?

His faith is noble -
The Lord gave,
and the Lord has taken away:
blessed be the name of the Lord.

Tha creideamh diongmhalta aige -
Ged mharbh E mi, gidheadh earbaidh mi as.

Agam fhìn chan eil ach creideamh dìblidh èigeantach
cho beag bìodach ri sìol mustaird san dìthreabh.
Agus ma bhios Ciaran air fhàgail fo phairilis mar seo,
tha mi cinnteach gum bi mi briste gun leigheas.

*   *   *

Cairt bho Eric san Eilbheis.
Peannaireachd air a beulaibh a chanas:

> *And All Shall Be Well*
> *And All Shall Be Well*
> *And All Shall Be Well*

His faith is resolute -
Though He slay me, yet will I trust Him.

As for me, my faith is debilitated and desperate,
as minute as a mustard seed in the desert.
And if Ciaran is left paralysed like this
I am sure it will leave me incurably broken.

*   *   *

A postcard from Eric in Switzerland,
bearing calligraphy which reads:

> *And All Shall Be Well*
> *And All Shall Be Well*
> *And All Shall Be Well*

Mais je n'ai plus la force de continuer:
à quoi bon patienter, je n'ai plus d'avenir.
Suis-je une pierre, moi, pour résister à tout?
Mon corps est-il de bronze?
Je n'ai plus en moi-même une seul ressource,
je me trouve privé du plus petit secours.

(Chan eil de neart agam tuilleadh na chumas orm:
Dè tha an dàn dhomh, gum bithinn foighidinneach?
A bheil mi nam chloich, a sheasas an aghaidh gach uile nì?
An ann a dh'umha tha mo chorp?
Chaill mi mo lionn-tàth gu lèir,
bhon chaidh mo shàrachadh buileach.)

IOB 6:11-13, EN FRANÇAIS COURANT

Le cùis Iob siud againn dearbhadh a' chreidimh sa chruth as
cruaidhe - sàr-fhìrean fo bhuaidh nan àmhgharan as sàrachaile.
Ciamar as urrainn dhàsan, no do dhuine sam bith, leantainn
air a' creidsinn gu bheil Dia ceart agus cothromach 's E
uaireannan a' dèanamh a leithid seo air daoine? Chan eil
teagamh sam bith ann nach e Dia, agus Dia a-mhàin, a tha an
urra ris na thachras ri Iob. Cha ghabh a' choire a chur air
'Nàdar' no air an Diabhal, oir chan eil annta seo ach A
chreutairean.

FRANCIS I. ANDERSEN, JOB: TYNDALE OLD TESTAMENT
COMMENTARIES, T.D. 65, IVP

Mais je n'ai plus la force de continuer:
à quoi bon patienter, je n'ai plus d'avenir.
Suis-je une pierre, moi, pour résister à tout?
Mon corps est-il de bronze?
Je n'ai plus en moi-même une seul ressource,
je me trouve privé du plus petit secours.

(But I no longer have the wherewithal to keep going.
What's the good of hanging on, there's no future for me.
Am I some kind of stone, impervious to everything?
Is my body made of bronze?
My personal resources are exhausted.
Not even the slightest help is forthcoming.)

JOB 6:11-13, EN FRANÇAIS COURANT

The case of Job precipitates the test of faith in its severest form -
the supremely righteous man who sustains the most extreme
calamities. How can he, or anyone, continue to believe that God
is right and fair in what He sometimes does to people? There can
be no doubt that it is God, only God, who is responsible for all
that happens to Job. It cannot be blamed on 'Nature' or the
Devil, for these are but his creatures.

FRANCIS I. ANDERSEN, JOB: TYNDALE OLD TESTAMENT
COMMENTARIES, P.65, IVP

AN DARA CUID

An dara cuid
tha cumhachd agus tròcair Dhè gun chrìoch
air neo chan eil Dia idir ann.

An dara cuid
tha ciall eucail Chiarain gun chrìoch
air neo chan eil ciall sam bith ann.

Chan fhaod e bhith gu bheil Dia cearbach maol-aigneach
an urra ris a' chruinne-cè. 'S e a' cheist, ma-ta,
A bheil Dia ann?

Anns a' mhionaid dh'eubh athair a' ghille,
'Tha mi a' creidsinn,
ach cuidich thusa mi a thaobh mo mhì-chreidimh'.
AN DEAGH SGEUL AIG MARCUS 9:24

EITHER

Either
God's power and mercy are infinite
or there is no God.

Either
the meaning of Ciaran's illness is infinite
or it has no meaning.

It cannot be that a ham-fisted, dull-witted God
is running the universe. The question therefore is:
Does God exist?

The boy's father at once cried out,
'I do believe,
but please help my unbelief'.

MARK 9:24 TEV

O thusa a tha ainniseach,
air do luasgadh leis an doininn,
agus gun chomhfhurtachd agad...
bidh do chlann uile air an teagasg leis an Tighearna;
agus is mòr a bhios sìth do chloinne.

Ann am fìreantachd socraichear thu;
bidh tu fada o shàrachadh,
ionnas nach gabh thu eagal;
agus o uamhas,
ionnas nach tig e dlùth dhut.

ISAIAH 54: 11-14

Uime sin na tilgibh uaibh ur muinghinn,
aig a bheil mòr dhìol-thuarasdal.
Oir tha feum agaibh air foighidinn;
a-chum an dèidh dhuibh toil Dhè a dhèanamh,
gum faigh sibh an gealladh.

Oir fhathast sealan beag,
agus an Tì a tha ri teachd thig e,
agus cha dèan e moille.

A-nis bidh am fìrean beò tre chreideamh:
ach ma thilleas neach sam bith air ais,
cha bhi aig m'anam-sa tlachd ann.

Ach chan eil sinne den dream sin
a thilleas air ais a-chum sgrios;
ach den dream a chreideas
a-chum tèarnadh an anama.

EABHRAIDHICH 10:35-39

O afflicted one, storm-tossed, and not comforted...
All your sons shall be taught by the LORD,
and great will be your children's peace.

In righteousness you shall be established;
you shall be far from oppression, for you shall not fear;
and from terror, for it shall not come near you.

Isaiah 54:11-14 RSV, NIV

Do not lose your courage, then,
because it brings with it a great reward.

You need to be patient,
in order to do the will of God
and receive what he promises.

For, as the scripture says,
    "Just a little while longer,
    and he who is coming will come;
    he will not delay.
    My righteous people, however, will believe and live;
    but if any of them turns back,
    I will not be pleased with him."

We are not people who turn back and are lost.
Instead, we have faith and are saved.

Hebrews 10:35-39 TEV

FASACH

Fàsach.
'S e sin a bh' ann.

Cruadhlach gun chrìoch.
Creag is càrr.

Sgàirneach sgaoilte
gun sgeul air frith-rathad.

Cha robh cairt-iùil ann
a dhèanadh feum san àite.

Cha robh fàire ann.
Bha tìm air stad.

Grèim mana air èiginn sa mhadainn -
b'e siud lòn an là.

(No an ann air cluaran tioram a rinn mi cagnadh
- bha an là cho dorch.)

Ach an siud 's an seo thachair mi air fuaran às a' chreig.
Faothachadh gu ìre.

                    (Aonghais, a charaid,
                    bu tu am burn-èirigh
                    leanailteach taiceil.)

WILDERNESS

Wilderness.
That's how it was.

Endless desolation.
Igneous rock.

Scattered scree
without a cairn.

No map
gave contour to that terrain.

The skyline all but snapped.
Time stumbled to a halt.

Some manna *al dente* in the morning
was what I subsisted on.

(Or was it on a dry thistle I chewed
- the light got so poor.)

But here and there water trickled from the rock.
In measure measureless.

                    (Angus*, dear friend,
                    you were a primary source
                    - persistent, sustaining.)

                    *Revd. Angus Morrison, APC, Edinburgh

BRIAN AGUS MARGARET

San ath leabaidh ri Ciaran bha Lindsey.
Nighean sia bliadhna dh'aois.

Rugadh i ana-chiorramach na h-inntinn 's na corp.
Còmhla rithe bha a pàrantan - Brian is Margaret.

Nan Crìosdaidhean.
Cho làidir. Cho sunndach, eadhon.

Ach siud againn an fhìrinn lom air ar beulaibh bhon toiseach
- bheir Dia clann chiorramach do Chrìosdaidhean cuideachd.

Cha robh creideamh na thèarmann
bhon uamhann ud.

Brian is Margaret.
Bha iad neartmhor.

Air a' cheann thall
thug iad oirnn gàire a dhèanamh.

Càirdean san fhàsach.
Mar uisge às a' chreig.

BRIAN AND MARGARET

In the bed next to Ciaran was Lindsey.
A six-year old girl.

She had been born very handicapped in mind and body.
With her were her parents - Brian and Margaret.

Christians.
So strong. So happy, even.

But here was the truth hitting us from the start -
God gives handicapped children to Christians also.

Faith was no safeguard
against that horror.

Brian and Margaret.
They were so transcendent.

In the end
they had us laughing too.

Friends in the wilderness.
Water from the rock.

AN T-ORAN A RINN MARGARET

Madainn a bha seo, nuair nach robh cor Chiarain cho cugallach, thàinig Margaret a-steach le òran èibhinn a rinn i 's a chlàr i air teip air a shon:

I know a boy called Ciaran - he's lying in his bed.
He goes to sleep at night with an elephant on his head!
An elephant on his head? An elephant on his head?
How can he sleep at night with an elephant on his head?

I know a little girl - I think her name is Cara.
She goes to bed at night in a big wheel-barra!
In a big wheel-barra? In a big wheel-barra?
How can she sleep at night in a big wheel-barra?

I know a boy called Ciaran - his hair just grows and grows.
He goes to bed at night with a boomerang up his nose!
A boomerang up his nose? A boomerang up his nose?
How can he sleep at night with a boomerang up his nose?

I know a chap called Fearghas - the Gaelic well he knows.
He goes to bed at night with the bagpipes in his toes!
The bagpipes in his toes? The bagpipes in his toes?
How can he sleep at night with the bagpipes in his toes?

I know a boy called Ciaran - he comes from Inverness.
He goes to bed at night wearing a ballet dress!
Wearing a ballet dress? Wearing a ballet dress?
How can he sleep at night wearing a ballet dress?

CONTINUES OPPOSITE

MARGARET'S SONG

One morning after Ciaran's condition had improved a bit, Margaret turned up with this humorous song she had written and taped for him.

BEGINS OPPOSITE

I know a dog called Shevvy - when he's tired he likes to yawn.
He goes to bed at night with striped pyjamas on!
With striped pyjamas on? With striped pyjamas on?
How can he sleep at night with striped pyjamas on?

I know a boy called Ciaran - he kids us on he's shy.
He goes to bed at night with a poached egg on each eye!
A poached egg on each eye? A poached egg on each eye?
How can he sleep at night with a poached egg on each eye?

I know a Mum called Mary - she likes her cups of tea.
She goes to bed at night with a parrot on each knee!
A parrot on each knee? A parrot on each knee?
How can she sleep at night with a parrot on each knee?

I know a boy called Ciaran - the Gaelic well he speaks.
He goes to bed at night with a penguin in his breeks!
A penguin in his breeks? A penguin in his breeks?
How can he sleep at night with a penguin in his breeks?

(Song by Margaret Cowan)

NATHAN

San ath leabaidh bha Nathan.
Balach naoi bliadhna dh'aois le David is Clare Hill.
A rèir coltais bha fluth am broinn a eanchainne
agus air tàillibh seo bha braisean tric air.
'S ann ann an àite air nach ruigeadh sgian-lèigh
gun chunnart mòr a bha am fluth.
Bha David is Clare nan Crìosdaidhean cuideachd.
Mar sin bha trì leapannan còmhla a bhuineadh do chloinn
aig an robh pàrantan a chreid gu mòr ann an cùram Dhè.

'Se co-òrdanaiche nàiseanta de iomairt soisgeulach
air an robh *There is Hope* a bha an David Hill.
Chitheadh tu na postairean aca air cliathaich bhusaichean,
agus an samhla aca air uinneig-dheiridh chàraichean.
Dè a bh' anns an t-samhla ach bogha-frois.
Chuir David stigear treun suas air ceann leabaidh Nathain.
Bogha-frois an dòchais.
Bogha-frois san oidhche.

Tha cuimhn' agam air aon oidhche
nuair a bha David gu math ìosal mu chor Nathain.
Bha mise a' giùlan Chiarain timcheall an t-seòmair
los faochadh a thoirt dha.
Sheas mi greis is rinn mi mo dhìcheall
misneachd a thoirt do Dhavid.
Abair truaghanan!

Trì bliadhna air adhart
chan eil Nathan air a leigheas fhathast.
Ach tha sinn fhathast ag ùrnaigh air a shon.

NATHAN

In the next bed was Nathan.
The nine year-old son of David and Clare Hill.
There appeared to be a tumour in his brain
which was causing frequent fitting.
Worse, the tumour's location
would make operating difficult and hazardous.
David and Clare were also Christians.
So here were three beds together, occupied
by children of those who believed in God's care.

David Hill was national co-ordinator
of the evangelical campaign called *There is Hope*.
Their posters could be seen on buses
and their symbols on the rear-windows of cars.
Their symbol was the rainbow.
David put a brave sticker up on the end of Nathan's bed.
A rainbow of hope.
A rainbow in the night.

I well remember one night
when David was pretty low over Nathan's condition.
I was carrying Ciaran around the ward
to comfort him.
I stood momentarily and did my best
to encourage David.
What a wretched pair of fathers!

Three years on
Nathan has not yet recovered.
But we pray on...

JO

A' mhadainn a bha seo
thàinig mi a-steach dhan uòrd
's bha leabaidh Chiarain air a gluasad
gu rùm beag dùbailte.

San leabaidh eile bha Jo.
Nighean sia bliadhna dh'aois.
Ruith i a-steach dhan taigh aon là
agus thuit i aig casan a màthar.
Bha bhìoras air ionnsaigh a dhèanamh
air fèithean a cridhe.
Bha i air uidheim taic-beatha fad mhìosan mòra.
Nuair a chaidh an suidse chur dheth
bha i fhathast beò ach bha a h-eanchainn air fulang
air tàillibh easbhaidh ocsaidein.
Ged a bhiodh a sùilean fosgailte a-nis,
cha do nochd i comharradh sam bith
gu robh i ag aithneachadh na bha tachairt timcheall oirre.
Bha a pàrantan fhathast dòchasach, ge-ta,
a' cur air an telebhisean dhi.
'S bha iad a' cruinneachadh airgid
los a toirt gu clionaig san Ungair.

'S e a seanair a bha còmhla rithe a' mhadainn seo.
Thog e a shùilean dha na nèamhan agus thuirt e,
"Makes you wonder if Anyone's up there!"

Cha duirt mi fhìn mòran.

JO

One morning
when I arrived at the ward
Ciaran's bed had been moved
to a small double room.

In the adjacent bed was Jo.
A six year-old girl.
She had run into the house one day
and collapsed at her mother's feet.
A virus had attacked
the muscles of her heart.
For long months she was on a life-support machine.
When it was switched off
she was still alive but her brain
had suffered through lack of oxygen.
Though her eyes were open now
she showed no sign
that she was aware of her surroundings.
Her parents fought on, though,
putting her in front of the TV,
and they were fund-gathering
to get her to a clinic in Hungary.

Her grandfather was with her that morning.
He raised his eyes heavenwards and said
"Makes you wonder if Anyone's up there!"

I didn't say much.

Ciod
e
Dia?

FREAGRADH

Tha Dia na Spiorad,
neo-chrìochnach,
bith-bhuan,
agus neo-chaochlaidheach
na bhith,
na ghliocas,
na chumhachd,
na naomhachd,
na cheartas,
na mhaitheas,
agus na fhìrinn.

CEIST

Ciod
iad
òrdaighean
Dhè?

FREAGRADH

Is iad òrdaighean Dhè,
a rùn sìorraidh a rèir comhairle a thoile,
leis an d'òrdaich e ro-làimh,
a-chum a ghlòire fhèin,
gach nì a thig gu crìch.

QUESTION

What
is
God?

ANSWER

God is a Spirit,
infinite,
eternal,
unchangeable
in His being,
in His wisdom,
in His power,
in His holiness,
in His justice,
in His goodness,
and in His truth.

QUESTION

What
are
the
ordinances
of
God?

ANSWER

The ordinances of God are
His eternal purpose
according to the counsel of His will,
by which he determined beforehand,
to His own glory,
all things which come to pass.

B'IAD NA MADAINNEAN A BU MHIOSA

B'iad na madainnean a bu mhiosa san ostail.
An t-eagal orm gu robh Ciaran air fàilligeadh tron oidhche.
An dòchas do-ghiùlan gu robh e air
adhartas beag a choreigin a dhèanamh.
Bearradh dleasdanach agam mus rachainn far an robh e,
is bracaist aotrom air stamaig bhochd.

Ged nach robh an t-slighe eadar ostail is uòrd fada
's e turas-inntinn fada bh' innte gach madainn.
An t-eagal. An dòchas.
An cabhsair. Na càraichean.
Corra chàr le samhla bogha-frois *There is Hope* air uinneig.
Na Lèanan taobh thall an rathaid. Jogger no dhà.
Rothairean. *Ciaran. Ciaran.*
A' mhadainn a bha seo chunnaic mi feòrag a' ruith
thairis air a' chabhsair agus suas craobh.
Dh'innsinn sin do Chiaran an-diugh.

Na h-ùrnaighean.
Trannsaichean an ospadail.
An staidhre. Na ceumannan.

Gun tig Thu far a bheil e.
Gun cuir Thu do chorragan na chluasan.
Gum bean Thu dha theanga led Theanga.
Gun can Thu "Ephphatha - Bi air t' fhosgladh."
"(Talitha) koum - A bhalaich, èirich."
Gum bi e ceart na cheann.
Ceart na chainnt.
Ceart na chorp.
Tha Thu uile-chumhachdach.
UILE-chumhachdach.

Doras a' uòrd.
Coiseachd a-steach.
Leabaidh Chiarain.
Dòchas. Dòchas. Dòchas.

THE MORNINGS WERE THE WORST

The mornings were the worst in the hostel.
My fear that Ciaran might have regressed during the night.
The excruciating hope that he
might have made at least a little progress.
A dutiful shave before I would set off,
and a light breakfast on a tense stomach.

Though hostel and ward weren't far apart,
it was a long journey of the mind every morning.
The fear. The hope.
The sidewalk. The cars.
The odd car with a *There is Hope* sticker on a window.
The Meadows over the road. A jogger or two.
Cyclists. *Ciaran. Ciaran.*
One morning I saw a squirrel run
across the sidewalk and up a tree.
I would tell that to Ciaran today.

The prayers.
The hospital corridors.
The stairway. The steps.

That You might come to him.
That You might put your fingers in his ears.
That You might touch his tongue with Your Tongue.
That You might say "Ephphatha - *Be opened."*
"(Talitha) koum - My child, arise."
That he might be entire in his head.
Entire in his speech.
Entire in his body.
You are almighty.
ALL-mighty.

The door of the ward.
Walking in.
Ciaran's bed.
Hope. Hope. Hope.

Air feadh a' chòrr dhen là cha do mhill tachartas sam bith eile sìth an turais. Sheas, gu dearbh, an Coilltear Staoin air daolaig a bha a' snàgail air an rathad, agus chuir e às dhan truaghaig bhochd. Chuir seo an Coilltear Staoin fo sprochd, oir bha e daonnan cùramach gun a bhith a' dochann creutair beò sam bith; agus fhad 's a bha e coiseachd shil e deòir de bhròn is de dh'aithreachas.

Shruth na deòir a bha seo gu slaodach sìos aodann agus thairis air banntaichean a ghialla, agus mheirg iad an sin. Nuair a chuir Diorbhail ceist air cha b'urrainn an Coilltear Staoin a bheul fhosgladh, oir bha a ghiallan air meirgeadh gu teann ri chèile. Ghabh e feagal mòr an uair sin agus rinn e iomadh comharra-làimhe do Dhiorbhail ach an toireadh i cobhair dha, ach cha do thuig i. Bha an Leòmhann cuideachd fo imcheist a thaobh dè bha ceàrr.

Ach ghlac am Bodach-Ròcais an canastair-ola bho bhasgaid Diorbhail agus dh'olaich e peirceall a' Choilltear Staoin, agus an ceann tacain bha e a' bruidhinn cho math 's a bha e roimhe.

L. Frank Baum, *Buidseach Oz*

During the rest of that day there was no other adventure to mar the peace of their journey. Once, indeed, the Tin Woodman stepped upon a beetle that was crawling along the road, and killed the poor little thing. This made the Tin Woodman very unhappy, for he was always careful not to hurt any living creature; and as he walked along he wept several tears of sorrow and regret.

These tears ran slowly down his face and over the hinges of his jaw, and there they rusted. When Dorothy presently asked him a question the Tin Woodman could not open his mouth, for his jaws were tightly rusted together. He became greatly frightened at this and made many motions to Dorothy to relieve him, but she could not understand.

The Lion was also puzzled to know what was wrong. But the Scarecrow seized the oilcan from Dorothy's basket and oiled the Tin Woodman's jaws, so that after a few moments he could talk as well as before.

L. FRANK BAUM, THE WIZARD OF OZ

YES-NO

Bho nach robh comas-gluasaid idir aig Ciaran,
no fiù comas fuaim a dhèanamh le thoil fhèin,
bha e na cheist mhòr oirnn ciamar a thuigeadh sinn
dè bha e a' smaoineachadh, 's dè a fheuman pearsanta.

Mar thoiseach tòiseachaidh air còmhradh
chaidh "YES" agus "NO" a sgrìobhadh air dà chairt
's chaidh an crochadh os cionn bonn a leapa.
A chum ceist a fhreagairt, bha aige ri a shùilean
a thionndadh taobh na cartach freagarraich.

Cò a rinn beul an duine?
No cò a rinn am balbh,
no am bodhar,
no an tì a chì,
no an dall?
Nach mise, an Tighearna?

A-nis uime sin imich
agus bidh mise led bheul,
agus teagaisgidh mi dhut ciod a their thu.

Ecsodus 4:11,12

YES-NO

Since Ciaran couldn't move at all
or even make a deliberate sound,
there was an obvious problem of how he
was going to communicate his needs to us.

As a start, the words "YES" and "NO" were written
on two cards and hung on the curtain rail corners
above the foot of his bed. In answer to questions
he turned his eyes towards the appropriate card.

Who has made man's mouth?
Who makes him mute,
or deaf,
or seeing,
or blind?
Is it not I, the LORD?

Therefore go
and I will be with your mouth
and I will teach you what to say.

EXODUS 4:11,12

TEIP CAIRISTIONA

Thàinig piuthar-cèile màthar Màiri
a thadhal air Ciaran an Dùn Eideann
- 's e Cairistìona an t-ainm a th' oirre.

Dh'fhàg i aig Ciaran cèiseag-fuaim le leabhran dathach.
Mar a thachair, 's e sgeulachd Buidseach Oz a bh' ann.

Chòrd an teip seo gu mòr ri Ciaran.
Dh'èisd e rithe a-rithist 's a-rithist.
Chan eil fhios a'm an robh e a' faireachdainn
dàimh ris an Duine Staoin,
aig nach robh comas gluasaid
gus an deach ola a chur air altan.

Chòrd an sgeulachd mu Ròs Bhàn gu mòr
ri Ciaran aig an àm seo cuideachd.
Tha fhios nach b'urrainn dhise carachadh
na bu mhò fad ùine mhòir
gus an deach a pògadh le prionnsa.

Ach thill lùths an dithis a bha siud
- an Duine Staoin 's Ròs Bhàn -
aig a' cheann thall co-dhiù
agus bha iad air an dòigh
bho sin a-mach.

CHRISTINE'S TAPE

An aunt of Mary's
visited Ciaran in Edinburgh
- Christine by name.

She left Ciaran with an audio-tape and book.
As it happened, it was the story of the Wizard of Oz.

Ciaran really enjoyed this tape
and listened to it repeatedly.
I guess he made the connection
with the Tin Man,
who could not move
until he was oiled.

The story of Snow White was also
a favourite of Ciaran's at the time.
Of course, she couldn't move either
for a prolonged period
until the prince kissed her.

Mobility did return
to the Tin Man and Snow White
despite a delay
and they were happy
from then on.

DOROTHY

Bha boireannach gasda ag obair an uòrd 7
- b' ise Dorothy an ceannard-cluiche.
Chumadh i a' chlann a' dol leis a h-uile
cur-seachad a ghabhas smaoineachadh air.

Nuair a dh'ionnsaich i
gur e fear-teagaisg ealaine bh' annamsa,
dh'iarr i orm mo bheachd a thoirt seachad
mu sgeadachadh na staidhre suas dhan uòrd
's i cho lom.

'S e an cuspair a dh'ainmich mi Buidseach Oz.
Bha stuadh os cionn an dorais ìosail
far an rachadh am bogha-frois.
Ghabhadh Rathad Breigeach Buidhe
- Rathad an Dòchais -
a pheantadh suas am balla, leis an Leòmhann,
am Bodach-Ròcais 's an Coilltear Staoin.

'S e misneachd a bha a dhìth air an Leòmhann,
an dearbh rud a bhiodh a dhìth air mòran
a rachadh suas an staidhre seo.
Bha am Bodach-Ròcais ag iarraidh eanchainn,
's nach e uòrd niùro-eòlasach a bh' ann an seo?
(Saoilidh mi gu robh Dorothy caran teagmhach
mu iomchaidheachd a' cho-cheangail mu dheireadh sin!)

Co-dhiù, air a' cheann thall sgeadaich
na h-ùghdarrasan an staidhre nan dòigh fhèin.
Ach, mar a thachair, chroch iad
bailiùn mòr le basgaid fodha
os cionn sloc na staidhre.
'S ann le bailiùn teth-àileach, tha fhios,
a thàr Buidseach Oz às.

Agus 's ann an dràsta fhèin a tha mi a' toirt fa-near
cho freagarrach 's a bha ainm Dorothy
dham phlana-sa.

DOROTHY

There was a remarkable women working in Ward 7
- Dorothy the playleader.
She kept the kids going
with every diversion imaginable.

When she discovered that I was an art teacher
she sought my opinion on redecoration
of the stairwell up to the ward,
it being so plain.

I suggested the theme of the Wizard of Oz.
There was an archway above the lower door
which would well suit the rainbow.
The Yellow Brick Road
- The Road of Hope -
could be painted up the wall,
with the Lion, the Scarecrow and the Tin Man.

The Lion wanted courage,
precisely what so many
who climbed these stairs would want.
The Scarecrow wanted a brain,
and was not this a neurological ward?
(I think Dorothy was slighty perturbed
as to the propriety of that one!)

Anyhow, in the end officialdom
decorated the stair in their own way.
However, by coincidence, they hung
a large hot-air balloon carrying
a teddy in a basket
above the stairwell.
It was in a hot-air balloon, of course,
that the Wizard of Oz made his escape.

And it is only now that I have noticed
just how suitable was Dorothy's name
to my master-plan!

"THIG E FO BHLATH MAR AN ROS"

(1)

Mus d'fhàs Ciaran tinn chuir e fhèin is Cara
bolgan hyacinth (lus nan coinnlean gorma)
ann am bobhlachan sna rumannan aca aig an taigh.
'S ann air Byres Road an Glaschu a cheannaich iad iad.

Tha Màiri air innse dhomh
gu bheil bolgan Chiarain air tighinn fo bhlàth
's gu bheil a chùbhraidheachd a' lìonadh
an rùim aige.

'S e seo mo dhòchas do Chiaran -
Ged a bhios a shlànachadh cho slaodach
's cho do-mhothaichte ri fàs luibhe
gun tig e fo bhlàth cùbhraidh air a' cheann thall.

(2)

Math dh'fhaodte
nach deach ach a bharradh
le Dia

mar a sgathas gàrradair
air ais gu cruaidh ròs
a fhuair fàbhar

ach an tig e fo bhlàth
às ùr ri ùine
gu h-anabarrach

gu h-anabarrach.

PETALS OF LIGHT

(1)

Before Ciaran fell ill
he and Cara planted hyacinth* bulbs
in bowls in their rooms at home.
They had bought them on Byres Road in Glasgow.

Mary has told me
that Ciaran's bulb has blossomed
and that its fragrance
fills his room.

This is my hope for Ciaran -
Though his recovery be as slow
and imperceptible as the growth of a plant
that he will eventually know a fragrant flowering.

*Gaelic: *Lus nan Coinnlean Gorma*
- "Plant of the Blue Candles"

(2)

Maybe
he has only been pruned
by God

as a gardener
prunes back hard
a rose which has found favour

that it might in time
again blossom
all the more

all the more.

Stiùbhart.

Ann an Cathair-eaglais
Notre Dame ann am Paris.

Bhon uinneig-ròis mhòir
siud flùr-bhileagan solais

a' sìor thuiteam gu ciùin
air a' chòisir-chiùil.

Am measg na cùbhraidheachd
thèid coinneal fo bhlàth

a phlanndachadh
air sgàth Chiarain

's siud an gàrradair
droigheann-lote

a' dol na shuidhe
air cathair

dhìosganaich.

(3)

Stuart.

In the Cathedral
of Notre Dame in Paris.

From the great rose window
petals of light

fall silently
on the choir.

Amidst the fragrance
a blossoming candle

is planted
for Ciaran

and the thornpierced
gardener sits

on a creaking
chair.

Sàthte
an cas-cheum
dubh-leaghte.

Sleaghte
an taobh-shlighe
chiar.

Spèicte
a' chrois-shlighe
ghlas.

Sgoilte
a' bhìth
chrudh-chruaidh.

Sgiùrste
an leac-ùrlar
lom.

Sgàinte
an dùr-chridhe
claon

le seotadh
magma gorm
rosa rugosa.

An e Eden
a bhòrcas tron
via dolorosa?

An ath-chòmhdaichear
an cabhsair
le geugan pailme?

An tog na h-oir-chlachan
iolach
le teangannan flùrannach:

"Hosanna!"?

Pierced
the lava-black
footpath.

Speared
the tardigrade
sidewalk.

Spiked
the cold-shouldered
crossroad.

Cloven
the hoofhard
bitumen.

Whipped
the uncourteous
pavement.

Faulted
the back-tracked
heart

before the burgeoning
green magma of
rosa rugosa.

Does Eden stir
beneath this asphalt
via dolorosa?

Is this tarmac
to be re-surfaced
with palm fronds?

Will these kerbstones
shout
with floral tongues:

"Hosanna!" ?

(5)

Catrìona.
A' tilleadh gu Notre Dame.

A-nìos bhon Fho-thalamh
ri Ceilear Maidne a' Chreidimh.

Mic-talla *Métro* Ghuimard
nan gasan clach-shàthach

's nan solas
mar ghucan ròis.

Tha a' Chlach claoidhte.
Tha deòir

ann an Lios nan Leus.
(An Tighearna Crìosd is Magdalen!)

Agus tro uinneig-ròis
do shùla-sa

is lèir dhomh
solas.

Catriona.
Returning to Notre Dame.

Up from Underground
to a Dawn Chorus of Faith.

Echoes of Guimard's *Métro*
of the lithe green

stone-piercing stems
and the flower-bud lights.

The Stone gives.
You weep

in the Garden of Flame.
(Lord Christ and Magdalen!)

And I also
through the Rose-window

of your eye
see Light.

Nì am fàsach agus an talamh tartmhor
gàirdeachas air an son;
agus bidh an dìthreabh ait,
agus thig e fo bhlàth mar an ròs.

Brisidh e a-mach gu h-ùrar...
Nì e gàirdeachas gu subhach agus gu ceòlmhor...

Neartaichibh-se na làmhan laga,
agus daingnichibh na glùinean anfhann.
Abraibh riùsan a tha lag-chridheach,
Bithibh làidir, na biodh eagal oirbh...

Thig ur Dia...
thig e fhèin, agus saoraidh e sibh...

An sin leumaidh am bacach mar fhiadh,
agus seinnidh teanga a' bhalbhain;
oir anns an fhàsach brisidh uisgeachan a-mach,
agus sruthan anns an dìthreabh.

ISAIAH 35:1-6

Fàsaidh e mar an lilidh...
agus bidh a mhaise mar an crann-ola.

HOSEA 14:5,6

138

The wilderness and the dry land shall be glad,
the desert shall rejoice and bloom;
like the crocus it shall blossom abundantly,
and rejoice with joy and singing...

Strengthen the weak hands,
and steady the knees that give way.
Say to those who are of a fearful heart,
'Be strong, fear not!'...

Your God will come...
He will come and save you.'

Then will the eyes of the blind be opened
and the ears of the deaf unstopped.
Then will the lame leap like a deer,

and the mute tongue shout for joy.
for waters shall break forth in the wilderness,
and streams in the desert.

ISAIAH 35:1-6, RSV,NIV

I will be to the people of Israel
like rain in a dry land.
They will blossom like flowers...

They will be alive with new growth,
and beautiful like olive trees.

HOSEA 14:5,6, TEV

Am measg dhaoine uile, 's e fulangaiche neo-chiontach as fhaisge a sheasas air Dia. Dh'fhaodadh sinn faighneachd a bheil frith-rathad sam bith a-steach dhan t-solas, ach tro thrèigsinneachd. Tha toil-inntinn mu dheireadh Iob do-thuigsinn mura d'fhuair e ann an gleann sgàile a' bhàis àite-fàis spioradail.

...Maois ann am Midian, Dàibhidh fo chàrn, Ieremiah agus Iòseph san t-sloc, Daniel ann an garaidh nan leòmhann, Pòl ann an corra phrìosan. Amhail ri Iob air òtrach a' bhaile, bha am beatha, a rèir coltais, air a crìoch a ruighinn. Am feitheamh fada, uaireannan fad bhliadhnachan. Tosdachd Dhè. Ach thàinig saoradh, agus còmhla ris taingealachd nach b'aithne dhaibhsan nach d'fhiosraich eu-dòchas.

Francis I. Andersen, Job: Tyndale Old Testament Commentaries, t.d.72, IVP

Of all human beings, the innocent sufferer stands nearest to God. One might ask if there is any pathway into the light, except through dereliction. Job's final contentment is inexplicable unless he found in the shadow of death a place of spiritual growth.

...Moses in Midian, David in his hide-out, Jeremiah and Joseph in the pit, Daniel in the lions' den, Paul in more than one prison. Like Job on the city dump, their life would seem to have reached its end. The long wait, sometimes for years. The silence of God. But deliverance came, and with it a gratitude never felt by those who never knew despair.

FRANCIS I. ANDERSEN, *JOB: TYNDALE OLD TESTAMENT COMMENTARIES, P72, IVP*

ORAN-DUNAIDH REIDIO LOILIOPOP
(Rèidio an Ospadail)

Time is moving on and it's the end of the day;
We've had our fun, the hour has come
To put our toys away.
So climb into your bed,
Drift off to sleep without a care,
Get all tucked in and settle down
With your teddy bear.

And choose the theme for your first dream
(Make it kind of fun).
Time to go 'bye-byes',
So just close your eyes.
Good night. Sleep tight.
Good night, little one -
See you in the morning.

Good night. Sleep tight.
Good night, little one -
See you in the morning.
Good night...
Good night, little one...
Sleep tight...
Good night...

CLOSING-SONG OF RADIO LOLLIPOP
(Hospital Radio)

Time is moving on and it's the end of the day;
We've had our fun, the hour has come
To put our toys away.
So climb into your bed,
Drift off to sleep without a care,
Get all tucked in and settle down
With your teddy bear.

And choose the theme for your first dream
(Make it kind of fun).
Time to go 'bye-byes',
So just close your eyes.
Good night. Sleep tight.
Good night, little one -
See you in the morning.

Good night. Sleep tight.
Good night, little one -
See you in the morning.
Good night...
Good night, little one...
Sleep tight...

Gum beannaicheadh an Tighearna thu,
agus gun gleidheadh e thu:
Gun tugadh an Tighearna air a aghaidh
dealrachadh ort,
agus gum biodh e gràsmhor dhut:
Gun togadh an Tighearna suas
a ghnùis ort,
agus gun tugadh e sìth dhut.   Aireamh 6:24-26

Good night...

The LORD bless you and keep you:
The LORD make his face to shine upon you,
and be gracious to you:
The LORD lift up his countenance upon you,
and give you peace.

Numbers 6:24-26

BEUL AN LA

Tre chreideamh dh'ìobair Abrahàm,
air dha a bhith air a dhearbhadh,
a mhac Isaac...

A' meas gum bu chomasach Dia
air a thogail eadhon o na mairbh;
on d'fhuair e e eadhon ann an samhladh.

EABHRAIDHICH 11:17-19

Getsemane = "Amar-bruthaidh ola"

Ola fhìor-ghlan a' chroinn-ola,
  brùite airson an t-solais.

ECSODUS 27:20

Ach b'i toil an Tighearna a bhruthadh;
  chuir e fo àmhghar e.

ISAIAH 53:10

Dh'ung thu le ola mo cheann.

SALM 23:5

Nad thròcair, a Thighearna, ung
ceann brùite ar Duine Staoin-ne
le ola.

Section 3

DAWN

(Gaelic - "MOUTH of the DAY")

By faith Abraham,
when he was tested,
offered up his son Isaac...

Considering that God was able
to raise him even from the dead;
from whence, figuratively speaking,
he did in fact receive him.

HEBREWS 11:17-19

Gethsemane ("Oil-press")

Pure oil of the oil-tree,
*   bruised for the light.*

EXODUS 27:20 THE GAELIC BIBLE

But it was the will of the Lord to bruise him;
*   he has made him sick.*

ISAIAH 53:10 RSV FOOTNOTE

Thou anointest my head with oil.

PSALM 23:5

In Your mercy, Lord, anoint
the bruised head of our Tin Man
with oil.

OLA

Ola.
Sgaoilte air an rathad fhliuch.
Dathan a' bhogha-frois
taoisgte
air an tarmac
dhubh.

Aig meadhan-là shuidh iad ri taobh an rathaid, an taic uillt
bhig, agus dh'fhosgail Diorbhail a basgaid agus thug i a-mach
beagan arain. Thairg i pìos dhan Bhodach-Ròcais, ach dhiùlt e.
    "Cha bhi an t-acras orm idir," thubhairt e; "agus tha e
fortanach nach bi. Oir chan eil mo bheul ach air a dhèanamh
le peant, agus nan gearrainn toll ann ach an ithinn, thigeadh a'
chonnlach leis a bheil mi air mo lìonadh a-mach, agus mhilleadh
sin cumadh mo chinn."
    Chunnaic Diorbhail sa bhad gu robh seo fìor, uime sin
cha d'rinn i ach a ceann a ghnogadh agus chùm i oirre ag ithe
a h-arain.

L. Frank Baum, Buidseach Oz

OIL

Oil.
Spilt on the
wet road.
Colours of the
rainbow
flooding
the black
tarmac.

At noon they sat down by the roadside, near a little brook, and Dorothy opened her basket and got out some bread. She offered a piece to the Scarecrow, but he refused.

"I am never hungry," he said; "and it is a lucky thing I am not. For my mouth is only painted, and if I should cut a hole in it so I could eat, the straw I am stuffed with would come out, and that would spoil the shape of my head."

Dorothy saw at once that this was true, so she only nodded and went on eating her bread.

L. FRANK BAUM, *THE WIZARD OF OZ*

IOGART BEO

Mean air mhean thill comas-slugaidh Chiarain.
Ged nach b'urrainn dha fhiaclan a dhùnadh buileach glan,
bha comas-cagnaidh aige a-nis chun na h-ìre 's gun gabhadh
biadhan sìmplidh - leithid loiliopop reòthte no iogart -
      a thoirt dha.
Chan itheadh e gu leòr mar seo, gun teagamh,
agus chaidh a bheathachadh dha-rìribh fhathast
tron tiùb shròn-ghastrach aige.

Co-dhiù, bhon a bha e air a bhith cho tric fo bhuaidh
      antibiòtaigean,
bha na bactèria ghasda ud a nì feum dhuinn nar rianan-
      cnàmhaidh air dol à bith san stamaig aigesan.

Bha Dr Lin dhen bheachd gu robh iogart "beò"
math ann an cùisean mar seo
gus "ath-thuineachadh" a dhèanamh air a' mhionach.

A-mach gun do ghabh mi am beul na h-oidhch'
      an tòir air a' iogart bheò.
Cha robh a leithid a rud ri fhaighinn am feasgar sin.
Mu dheireadh thall dh'fheuch mi an delicatessen a bha seo.
Nuair a chaidh mi a-steach bha am fear air cùl a' chuntair
a' cabadaich ri cuideigin.
Thug mi sùil tro uinneig a' frids air crogan a dh'iogart Greugach.
Saoil an dèanadh sin an gnothach?
Ri ùine fhuair mi cothrom bruidhinn ri fear na bùtha.

"Do you have any live yoghurt?"

"Hold on while I go out and catch some!" fhreagair e.

Cha d' rinn mi fiamh-ghàire. "Well," lean e air, "it all
depends on what you mean by 'live'- all yoghurts are alive
to some extent!"

"*Forget it!*" thuirt mi gu guineach, a' tionndadh a dh'ionnsaigh
      an dorais.

"There's no need to be like *that*!" ars esan.

LIVE YOGHURT

Very gradually Ciaran's ability to swallow returned.
Though he could not yet close his teeth,
he had enough of a chew to deal with simple foods
- for instance an ice-lolly or yoghurt.
Of course, this wasn't enough to keep him going,
so his real nutrition still came
via his nasal-gastric feeding-tube.

Also, since so many powerful antibiotics had been used on
        him,
even those necessary and useful bacteria of the digestive tract
        had been wiped out.

Dr Lin said he was a believer in live yoghurt
as a means of "recolonizing" the gut in cases like these.

So off I went that evening in search of some live yoghurt.
Could I find a shop which had any?
Eventually I tried a particular delicatessen.
When I went in the fellow behind the counter
was blethering to someone.
I peered through the fridge window at a carton
of Greek yoghurt, wondering whether that might do.
After a while I managed to speak to the shopkeeper.

"Do you have any live yoghurt?"

"Hold on while I go out and catch some!" he replied.

I did not smile.

"Well," he continued, "it all depends what you mean by 'live'-
all yoghurts are alive to some extent!"

"*Forget it!*" I rasped, turning towards the door.

"There's no need to be like *that*!" he said.

AN SEOMAR-BIDH

Bha prìomh thrannsa-cheangail an ospadail air leth mì-chàilear.
Seòrsa de chaolan ìochdarach a bh' ann.
Donn. Dorch. Teth. Teann. Claon.
Cha robh làr no mullach no balla rèidh.
An siud 's an seo stobadh pìob a-mach gus bagairt
a dhèanamh air do cheann.

Bheireadh lioft (nan nochdadh e), no staidhre, suas thu
chun an t-seòmair-bhìdh. (Bhon innidh chun na stamaig?)
A rèir coltais cha tàinig e a-steach air cuid dhen
fhoireann-bìdh cho cianail truagh
's a bha feadhainn dhe na pàrantan.
Daoine is dòcha nach robh air grèim ithe fad làithean,
a bha air a bhith nan suidhe ri taobh leabaidh leanaibh
a bha a' bàsachadh. A shlaod iad fhèin air falbh, is dòcha
gus blasad bìdh a ghabhail. A' fàgail
na codach bu mhò dheth air an truinnsear.

Cha robh clann ceadaichte san t-seòmar-bìdh.
Bha an staidhre, ge-ta, sgeadaichte le dealbhan a rinn clann.
Duilleagan an fhoghair fhathast air cuid dhiubh,
    tha cuimhne agam.
Cha mhòr gun tug mi sùil orra.
Ge b'e càit an coimheadainn a là no a dh'oidhche,
bha mo fhradharc lìonte le balach rag air leabaidh.

Là a bha seo dhìrich mi an staidhre seo le Màiri.
Chaidh sinn a-steach dhan rùm-ithe.
Macaroni cheese no *stovies*.
Bha an làr air chrith le inneal-cidsin air choreigin.
Thàinig an tuainealaich orm.
Cur na mara.
Sheas mi air ais 's mo dhruim an taic a' bhalla.
Dhùin mi mo shùilean.

'S ann ann an saoghal eadar aisling
agus trom-laighe a bha sinn beò.

THE CANTEEN

The main connecting corridor of the hospital
was particularly off-putting. It was a sort of lower gut.
Brown. Dark. Hot. Constricting. Twisting.
Not a floor nor a ceiling nor a wall was regular.
Here and there a pipe would jut out and threaten your head.

A lift (if it appeared) or a stairway would take you up
to the canteen. (From bowel to stomach?)
And some of the dining-staff didn't seem to realize
just how distraught many people were.
Parents who perhaps had not eaten for days.
Who had been sitting at the bedside of their dying child.
Eventually they'd come to eat something.
Only to leave most of it on the plate.

Children were not allowed in the canteen.
The stairway, though, was decorated with paintings by children.
I remember some collages with autumn leaves.
I really wasn't capable of taking them in.
Wherever I looked, day or night, I saw before my eyes
a paralysed boy on a bed.

One day I climbed these stairs with Mary.
We entered the dining-room.
Macaroni cheese or *stovies.*
The floor reverberated to some kitchen appliance or other.
I felt dizzy.
Sea-sick.
I stepped back and let the wall hold me up.
I closed my eyes.

We lived in a world somewhere
between dream and nightmare.

NA DINEASARAN

Bha Taisbeanadh Dhìneasaran an Dùn Eideann
agus thug sinn Ciaran ga fhaicinn.
Bha e na shuidhe na bhugaidh -
a chathair-phutaidh mhòr - airson a dhol timcheall air.
Bha fheadan-beathachaidh sròn-ghastrach na chuinnean
an còmhnaidh aig an àm.

'S e taisbeanadh gu math cumhachdach a bh' ann,
le modailean leth-mheudach
dhe na beathaichean iongantach.
Bhiodh pàirtean dhiubh a' carachadh
's bhiodh iad a' beucadh.

Bha an t-àite loma-làn de sgoilearan òga
a bharrachd air inbhich.

Bha an *Triceratops* boireann a bha seo 's a h-àl ann.
Sheas sinn aig an rèile le càch a chum sùil a thoirt oirre.
'S e an rud a dhrùidh orm, ge-ta,
gun do mhothaich mi nach b'ann air an dìneasar
idir a bha dlùth-aire feadhainn
ach air Ciaran.

THE DINOSAURS

There was a Dinosaur Exhibition in Edinburgh
and we took Ciaran to see it.
He was sat in a buggy - a big push-chair -
to go round it. He still had a permanent
nasal-gastric tube in his nostril at that time.

It was a powerful exhibition,
with half-size models of these marvellous creatures.
Some of them moved and roared.

The place was packed with school-kids
as well as adults.

There was this female *Triceratops* with her young.
We stood with others at the rail to look at it.
What affected me, though, was to notice how many folk
were not looking at the dinosaur
but at Ciaran.

FACLAIREAN

(1)

Tha mi air a chluinntinn gu bheil pàrantan caraid
gu bhith a' dràibheadh suas a dh'Inbhir Nis an ceann là no dhà.
Gheibh mi lioft leo ma tha mi ga iarraidh. Saoil dè nì mi?
Tha mi air a bhith san ospadal a-nis fad còrr is dà mhìos.
Chan eil mi cinnteach idir mu Chiaran fhàgail.
Ach tha sinn air adhartas fhaicinn,
agus bidh Màiri maille ris,
agus cha bhithinn air falbh ach aon oidhche.

Air a' cheann thall tha mi ag aontachadh a dhol ann.
Tha dà amas agam nam inntinn.
Mus d'fhàs Ciaran bochd bha mi air a bhith an sàs
am pìos bàrdachd mar chuimhne air mo mhàthair,
a bhàsaich na bu lugha na dà mhìos roimhe sin.
Tha mi airson an dàn seo a chlò-sgrìobhadh aig an taigh
agus lethbhreacan dheth a thoirt seachad dham phiuthar,
dham bhràthair 's dham athair an ath thuras
a thadhlas iad air Ciaran.
A bharrachd air seo tha mi air tòiseachadh,
fhad 's a tha mi nam shuidhe ri taobh a leapa,
air eadar-theangachadh Beurla a dhèanamh
air a' bhàrdachd a thathar ag iarraidh airson an duanaire ùir
An Aghaidh na Sìorraidheachd.
Agus cha bu mhisde mi faclair no dhà.

DICTIONARIES

(1)

I have heard that a friend's parents
are to be driving up to Inverness in a day or two.
I can get a lift if I want. What will I do?
I have been in the hospital now more than two months.
I am not inclined at all to leave Ciaran.
But we have seen improvement,
and Mary will be with him,
and I would only be away one night.

In the end I decide to go.
I have a couple of things in mind.
Before Ciaran fell ill I was working on a
commemorative poem for my mother,
who died seven weeks previously.
I hope to type out the poem at home
and have copies ready for my Dad, sister and brother
next time they visit Ciaran.
Besides this I have made a start, as I sit by his bed,
on the English translation of poetry
to be included in the book *In the Face of Eternity*.
And I could do with a dictionary or two.

(2)
Tha mi nam shuidhe an deireadh càr pàrantan Susan.
Tha sinn a' siubhal suas an A9.
Tha an saoghal cho neònach mum thimcheall.
'S e an t-ospadal am fìor shaoghal.
Chan eil anns an fhear seo ach aisling.
Chan eil anns na bailtean 's na monaidhean seo
ach bruadar ceòthach. Ach abair boghachan-froise!
Tha mo shùilean a' sileadh 's a' sileadh.
Boghachan-froise! Boghachan-froise!
Cùmhnant Dhè! Dòchas! Dòchas!

Their màthair Susan gu h-obann, 's i air tionndadh rium,
"I've never seen so many rainbows!"
Cha chreid mi nach fhaca sinn dusan dhiubh an là ud
air an rathad eadar Dùn Eideann is Inbhir Nis.

(3)
Cha dèan mi a' chùis idir an oidhch' ud air dàn mo mhàthar.
Mearachdan gun stad leis a' chlò-sgrìobhadair.
A' tòiseachadh a-rithist 's a-rithist.
Air a' cheann thall leigidh mi seachad e an turas seo.
Ach mar a thachras an cùrsa ghnothaichean,
bidh mi toilichte nach deach leam,
oir thig barrachd smaointean thugam bho seo a-mach
a leudaicheas an dàn gu mòr mus bi e ullamh.*

(4)
Tillidh mi a Dhùn Eideann air a' bhus an ath mhadainn.
A rèir an Dotair Lin 's ann *"exponential"*
   a bha an t-adhartas aig Ciaran.
Tha fhios agam gu bheil seo math, ach feumaidh mi
sealltainn ann am fear dhe na faclairean agam
a shoilleireachadh dhomh fhìn dìreach gu dè cho math!

* Iolair, Brù-Dhearg, Giuthas

158

(2)

I am sitting in the rear seat of Susan's parents' car.
We are travelling up the A9.
The world around me seems a mirage.
The hospital is reality.
This one is only a dream.
These townships and these hillsides are a misty illusion.
But what rainbows!
My eyes stream and stream with tears.
Rainbows! Rainbows!
Covenant of God!
Hope! Hope!

Susan's mother remarks suddenly, turning to me,
"I've never seen so many rainbows!"
I am sure we see a dozen of them
on the road between Edinburgh and Inverness.

(3)

I don't make any headway in the evening with my mother's poem.
Endless typing errors. Restarting again and again.
Eventually I leave it for the time being.
But as it happens, in the course of things
I will be happy I did,
for further thoughts will come to me,
which will greatly enlarge the poem before it is finished.*

(4)

I return to Edinburgh by bus the following morning.
According to Dr Lin, Ciaran's progress has been "exponential".
I know this is good, but I have to refer
to one of my dictionaries to clarify to myself
just how good!

*Eagle, Robin, Pine

159

EALAIN

B' urrainn do Chiaran a-nis a cheann a thionndadh beagan.
Chuireadh na shuidhe e air cathair phlastaig orains tron là
- mar shuidheachan càir.
Bhiodh rùsg caorach eadar a dhruim 's a' chathair.
Aig àm dìnnearach dh'fhàgainn e fad uair a thìde,
's e air a dhòigh a' coimhead *Sesame Street*.

Thillinn dham rùm san ostail a dh'itheadh ceapair no dhà.
Leughainn cuideachd earrann dhen leabhar
Defense of the Faith le Cornelius Van Til,
leabhar a bha air a bhith cudromach dhomh bliadhnachan air ais,
's e a' dearbhadh dhomh cho coileanta 's a tha
            àrd-uachdaranachd Dhè.
Cuspair dhan robh mi a' toirt aire na bu dlùithe na riamh, tha fhios.
'S ann a bha mi ag ath-sgrùdadh bunaitean mo bheatha.
Bha mi air mo mhaslachadh gu mòr gu robh mo chreideamh
cho dìblidh sa chruaidh-chàs seo.
Ma chaill Ciaran a ghuth nàdarra, chaill mise mo ghuth cràbhach.
Mo ghuth poblach co-dhiù.

Ged as e fear-teagaisg ealain a th' annam cha do thadhail mi
air ealain-lannan Dhùn Eideann an tòir air sòlas ostèataigeach.
Ged a bhios mi ri bàrdachd, cha do leugh mi bàrdachd.
Bho thaobh ealain 's e ceòl a-mhàin a bha na fhurtachd dhomh.
Agus ceòl aon duine a-mhàin - Beethoven.
Bho bhàs mo mhàthar agus airson greise maithe as dèidh ar
tilleadh dhachaigh a dh'Inbhir Nis le Ciaran chan èisdinn ri càil
ach na simfinidhean aig Beethoven - 3, 5, 7, 9
- na h-àireamhan corra.

Cha robh earbsa agam ann an ceòl duine sam bith eile.
Bha Beethoven mothachail air an dorchadas
- air meudachd cheannsachail an dorchadais -
ach chreid e anns an t-solas.
Agus lorg e an neart cumail air.
Cumail air. Cumail air.
Tapadh leat, a Bheethoven, is math a rinn thu.

ART

Ciaran could turn his head a bit now.
Throughout the day he would be sat on an orange plastic seat
- a bit like a car-seat.
There would be a fleece between his back and the seat.
At lunch-time I would leave him for an hour,
while he happily watched Sesame Street on the TV.

I would make my way back to the hostel for a sandwich or two,
and read a section of the book *Defense of the Faith*
    by Cornelius Van Til.
This book had influenced me years back,
with its emphasis on God's absolute sovereignty.
A subject which of course much preoccupied me now.
I was re-examining the foundations of my life.
I was humiliated that my faith had proved so miniscule
        in this crisis.
If Ciaran had lost his natural voice, I lost my 'religious' voice.
My public voice, anyway.

Though I am an art teacher, I did not frequent
Edinburgh's art galleries in search of aesthetic solace.
Though I am interested in poetry, I read no poetry.
As far as the arts go, it was only music which spoke to me.
And the music of only one man - Beethoven.
Since my mother's passing and for a while after our
eventual return home to Inverness with Ciaran
I would listen only to Beethoven's symphonies - 3, 5, 7, 9 -
the uneven numbers.

I trusted no-one else's music.
Beethoven knew about the darkness
- the overwhelming immensity of the darkness -
but he believed in the light.
And he found the wherewithal to keep going.
To keep going. To keep going.
Thank you, Beethoven, you did well.

As dèidh uair no dhà a thìde thòisich an rathad air a bhith garbh, agus dh'fhàs a' choiseachd cho doirbh 's gun do thuislich am Bodach-Ròcais gu tric thar nam breigeachan buidhe, a bha gu math mì-chothrom an seo. Uaireannan gu dearbh bha iad briste no a dhìth uile-gu-lèir, a' fàgail tholl a leumadh Toto thairis orra agus a choisicheadh Diorbhail timcheall orra. Airson a' Bhodaich-Ròcais, bho nach robh eanchainn aige ghabh e dìreach roimhe, agus mar sin choisich e a-steach dha na tuill agus thuit e na chlod air na breigeachan cruaidhe.

L. Frank Baum, *Buidseach Oz*

After a few hours the road began to be rough, and the walking grew so difficult that the scarecrow often stumbled over the yellow bricks, which were here very uneven. Sometimes, indeed, they were broken or missing altogether, leaving holes that Toto jumped across and Dorothy walked around. As for the Scarecrow, having no brains he walked straight ahead, and so stepped into the holes and fell at full length on the hard bricks.

L. FRANK BAUM, *THE WIZARD OF OZ*

UEARAICHEAN CROISTE

Thill lùths gu làmhan Chiarain ann an dòigh annasaich
thairis air na seachdainean.
Air an aon làimh b'e a lùdag a charaich an toiseach
agus mean air mhean na corragan eile,
a' crìochnachadh leis an òrdaig.
Ach air an làimh eile ghluais an òrdag an toiseach
agus b'e an lùdag an tè mu dheireadh dhan do thill neart.
Bha e mar gu robh na uèaraichean croiste an àiteigin.
Ged as ainneamh a nì e a-nis e, thogadh e pìos pàipeir
corra uair eadar sgealbag is gille-fada,
gun òrdag a chleachdadh idir. Mar siosar.
Chuireadh e a chorragan, no air uairean a ghàirdeanan
no a chasan, thar a chèile ann an dòigh 'alt-dùbailte'.

Thòisich Dr Lin air dealbh-bhidio de Chiaran a thogail
an dràsta 's a-rithist gus a adhartas a chlàradh.
Là a bha seo san t-seòmar-bhidio dh'fhaighnich e dheth
dè an taobh a bha e a' dol a choiseachd.
Chomharraich Ciaran aon taobh le làmh a thogail.
Ach cha mhòr sa bhad chomharraich e an taobh eile le a làimh eile.
Sheas e is a dhà làimh croiste air a bhroilleach.
Cha chreid mi nach robh làn-fhios aige dè bha e a' dèanamh
's nach robh e ach ri fealla-dhà. (Cha b'urrainn dha bruidhinn
    fhathast.)

Bha an Duine Staoin air dol na Bhodach-Ròcais.

CROSSED-WIRES

Movement returned to Ciaran's hands in a strange way
    over the weeks.
On one hand it was his pinkie-finger which twitched first,
followed gradually by the other fingers,
and finally the thumb.
However, on the other hand it was the thumb first
and the little finger last.
It was as if the wires were crossed somewhere.
Though he seldom does it now,
he would pick up a piece of paper between index and long-finger
- without using his thumb. Like a pair of scissors.
He would manipulate his fingers, or sometimes his arms
or his legs in a 'double-jointed' manner.

Dr Lin did an occasional video of Ciaran to monitor his progress.
One day in the video-room he asked him
which direction he wanted to walk.
Ciaran pointed with a hand. (He couldn't speak yet.)
But almost immediately he raised his other hand
to indicate the opposite direction.
He stood with his hands crossed on his chest, smiling.
I am sure he knew fine what he was doing,
and he was just making a joke.

The Tin Man had become the Scarecrow.

DHACHAIGH

Thàinig sinn uile dhachaigh le Ciaran
ann an càr-frithealaidh an ospadail.
'S ann dìreach an dèidh àm na Caisge a bh' ann.
Am na h-Aiseirigh.
Bha aige ri oidhche a chur seachad san Rathaig Mhòir
ach stad sinn an toiseach aig an taigh
gus na màileidean fhàgail.
Choisich Ciaran gu slaodach timcheall an t-seòmair-shuidhe
a' dùr-choimhead air àirneis agus deilbh an rùim.
'S ann a bha e coltach ri saighdear leònte air tilleadh
bho chogadh fada sgriosail thall thairis
ag aithneachadh air èiginn na bha e uair mion-eòlach air.

Dà là an dèidh tilleadh chaidh aige air fhiaclan a dhùnadh
        buileach glan.
(Cha chreid mi nach robh a shùil air na h-uighean teòclaid
        a bha siud!)
An ath là dhùin a bhilean airson a' chiad turais ann an trì mìosan.
An dearbh mhadainn ud thill a chainnt.
Cainnt shiùbhlach an toiseach,
ged a nochd manntachd eagalach an ceann seachdain no dhà,
chun na h-ìre 's nach gabhadh e a thuigsinn uaireannan.
Dh'fhan am bacadh sin fad ùine mhòir
ach a-nis trì bhliadhna air adhart tha e a' bruidhinn tòrr
        nas fheàrr.

Chaidil mi san aon rùm ris na ciad sheachdainean a bha siud.
Dhùisgeadh e air an oidhche ag iarraidh orm nithean
mar mhil air sliseig arain geàrrte an ceithir mìrean.
Bhiodh e a' rànail nam faillicheadh orm a thuigsinn.
'S ann a bha e a' cuimhneachadh na chleachd
nursaichean na h-oidhche a bhith toirt seachad dha
's gan ionndrain san àite neònach ùr seo san robh e an dràsda.

HOME

We were taken home with Ciaran
in a courtesy car from the hospital.
It was just after Easter.
Resurrection time.
He had to spend a night in Raigmore,
but we stopped first at the house
to unload our luggage.
Ciaran walked slowly around the sitting-room,
lingering over each picture and piece of furniture.
He was for anything like a wounded soldier,
on leave from some distant, awesome conflict,
struggling now to recognize the once familiar.

Two days after his homecoming he managed to close his teeth.
(I guess the sight of all those chocolate eggs was an incentive!)
The following day his lips closed for the first time in three months.
That very morning his speech returned.
Fluent speech to begin with
though after a week or two a massive stutter developed,
to the extent that he was sometimes unintelligible.
This impediment dogged him for a long time
but now three years later he is speaking a lot better.

I slept in the same room with him those first weeks.
He would wake in the night demanding things like
honey on bread cut into four pieces.
He would howl if I failed to understand.
I suppose he was remembering the routine of the night nurses,
and missing them in this strange new place
where he was now.

Nì na cnàmhan a bhris thu gàirdeachas.

Salm 51:8

Gus an lìon e do bheul le gàire,
  agus do bhilean le gàirdeachas.

Iob 8:21

The bones you have broken shall rejoice.

PSALM 51:8 THE GAELIC BIBLE

He will yet fill your mouth with laughter
and your lips with shouts of joy.

JOB 8:21 THE GAELIC BIBLE AND NIV

ORAN DEIRDRE AIRSON CHIARAIN

Aig an àm seo cuideachd (an Giblean 1990) thàinig Deirdre, caraid dhuinn, dhan taigh le tìodhlac snog. Bha i air earrannan 14-24 de Shalm 71 a sgrìobhadh le peannaireachd bhrèagha. Thug i an tiotal *A Song For Ciaran* air.

Chuir sinn ann an cèis air chùl glainne e, agus chroch sinn e air balla rùm Chiarain.

But as for me, I shall always have hope;
    I will praise you more and more.
My mouth will tell of your righteousness,
    of your salvation all day long,
    though I know not its measure.
I will come and proclaim your mighty acts,
O Sovereign Lord;
    I will proclaim your righteousness, yours alone.
Since my youth, O God, you have taught me,
    and to this day I declare your marvellous deeds.
Even when I am old and grey,
    do not forsake me, O God,
till I declare your power to the next generation,
    your might to all who are to come.
Your righteousness reaches to the skies, O God,
    you who have done great things.
    Who, O God, is like you?

CONTINUES OPPOSITE

DEIRDRE'S SONG FOR CIARAN

Also at this time (April 1990) our friend Deirdre came to the house with a lovely gift. She had written out in calligraphy Psalm 71:14-24 (NIV), and entitled it *A Song for Ciaran*.

We framed it behind glass and hung it in his room.

BEGINS OPPOSITE

Though you have made me see troubles,
*   many and bitter,*
*   you will restore my life again;*
from the depths of the earth
*   you will again bring me up.*
You will increase my honour
*   and comfort me once again.*

I will praise you with the harp
*   for your faithfulness, O my God;*
I will sing praise to you with the lyre,
*   O Holy One of Israel.*
My lips will shout for joy when I sing praise to you -
*   I, whom you have redeemed.*
My tongue will tell of your righteous acts
*   all day long,*
for those who wanted to harm me
*   have been put to shame and confusion.*

DA CHUIMHNE AIG CIARAN

(1)

Airson greis aig an àm seo,
ma bha sinn a-muigh sa chàr,
bhiodh Ciaran airson tilleadh air rathad àraid.

Seachdain mus d'fhàs e tinn chuir dràibhear ùr
Ciaran is Cara bhàrr bus na sgoile aig an stad cheàrr,
agus e gu math fada bhon taigh.
Bha Ciaran seachd is bha Cara còig.
B'aithne do Chiaran an rathad dhachaigh
's thòisich e air coiseachd maille ri Cara.

A-nis, 's e cho breòthte 's e ag aithneachadh
gu robh làmh-an-uachdair aig Cara air a thaobh bhuadhan,
bha inntinn a' tilleadh gu là nuair a bha a phiuthar bheag
na eisimeil is an tùr aigesan sa chunnart.

(2)

Chòrdadh e gu mòr ri Ciaran
sgeulachd eile aithris aig an àm seo.
Nuair a bha e an clas a dhà sa bhun-sgoil
bha e fhèin is balach eile, Peadar,
air a bhith a' slìobadh hamstairean a' chlas
- Dubhag is Buidheagan -
's an t-isean aca, air nach robh ainm fhathast.

Gu mì-fhortanach, thuit an leanabh à làimh Pheadair,
ach chaidh aig Ciaran air am beathach bochd a ghlacadh
mus do bhuail e san làr.

*   *   *

Bha Ciaran cho mòr às an dà chuimhne seo an dràsda.
- Gleusdachd a inntinn a thug Cara a-mach à gàbhadh.
- Gleusdachd a làimhe a shàbhail beatha ainmhidh òig.

TWO OF CIARAN'S MEMORIES

(1)

For a while after this if we were out a drive
Ciaran would always want to take a particular route home.

A week before he fell ill a new driver of the school bus
had set himself and Cara down at the wrong stop on the way
home.
Quite far from the house.
Ciaran was seven and Cara five.
Ciaran knew the way and set off home with her.

Now with him so diminished, and having to begin
to come to terms with Cara's superior abilities,
his mind was returning to a day when his little sister
was dependent on him, and he had coped with the crisis.

(2)

Ciaran very much enjoyed recounting another story at this
time.
When he was in Primary 2, he and another lad, Peter,
had been petting the class hamsters - *Dubhag* and *Buidheagan* -
and their as yet nameless offspring.

The young one unfortunately slipped out of Peter's hand,
but Ciaran managed to catch the poor creature
before it hit the floor.

*   *   *

Ciaran was proud of these two recollections now:
- A facility of mind which delivered Cara from danger.
- A facility of hand which saved a young animal's life.

173

Chùm iad orra a' coiseachd fad ùine mhòir, ach a rèir coltais cha robh crìoch gu bhith air brat-ùrlair nan dìtheanan marbhtach a bha mu thimcheall orra. Lean iad lùb na h-aibhne, agus thachair iad mu dheireadh thall air an caraid an Leòmhann, na laighe na chadal am measg nan crom-lusan...

Bha greis mhòr ann mus do dhùisg an Leòmhann gealtach, oir bha e air laighe am measg nan crom-lusan fad ùine mhòir, a' tarraing a-steach an cùbhraidheachd marbhtaich; ach nuair a dh'fhosgail e a shùilean 's a roilig e bhàrr na cairte bha e glè thoilichte fhaighinn a-mach gu robh e fhathast beò.
"Ruith mi cho luath 's a b'urrainn dhomh," ars esan, a' dol na shuidhe 's a' mèaranaich. "Ach bha na dìtheanan tuilleadh 's làidir air mo shon-sa. Ciamar a fhuair sibh a-mach mi?"

Dh'innis iad an uair sin dha mu na luchain-feòir, agus mar a shàbhail iad e gu fialaidh bhon bhàs; agus rinn an Leòmhann gealtach gàire, agus thubhairt e, "Shaoil mi riamh gu robh mi cho mòr 's cho fiadhaich, gidheadh cha mhòr nach deach mo mharbhadh le nithean beaga mar fhlùranan, agus shàbhail creutairean beaga mar luchain mo bheatha. Abair sgeul neònach!"

L. FRANK BAUM, *BUIDSEACH OZ*

On and on they walked, and it seemed that the great carpet of deadly flowers that surrounded them would never end. They followed the bend of the river, and at last came upon their friend the Lion, lying fast asleep among the poppies. The flowers had been too strong for the huge beast and he had given up, at last, and fallen only a short distance from the end of the poppy-bed, where the sweet grass spread in beautiful green fields before them...

It was some time before the cowardly Lion awakened, for he had lain among the poppies a long while, breathing in their deadly fragrance; but when he did open his eyes and roll off the cart he was very grateful to find himself still alive.

"I ran as fast as I could," he said, sitting down and yawning, "but the flowers were too strong for me. How did you get me out?"

Then they told him of the field mice, and how they had generously saved him from death; and the cowardly Lion laughed, and said, "I have always thought myself very big and terrible; yet such little things as flowers came near to killing me, and such small animals as mice have saved my life. How strange it all is!"

L. FRANK BAUM, *THE WIZARD OF OZ*

NA LEANAN A-RITHIST

Thug mi Ciaran air ais an-diugh
gu ospadal Dhùn Eideann
air sgàth gnàth-sgrùdaidh.

Fhad 's a bha sinn a' feitheamh
chaidh sinn dha na Lèanan.
Na Lèanan air na thadhail sinn cho tric

le balach aognaidh ann an cathair-cuibhle,
a bheul fosgailte silteach
còmhdaichte le neapraig agus stoc an aghaidh an fhuachd.

Siud e a-nis na ruith air falbh bhuam thar na pàirce.
A' sreap air sleamhnaig.
A' dèanamh gàire air dreallaig.

Togaidh mi orm an tòir air mar a dh'iarras e.
Ach tha mi cho sgìth.
Cho rag.

THE MEADOWS AGAIN

I took Ciaran back today
to the Edinburgh hospital
for a routine check-up.

While we were waiting
we went out to the Meadows.
The Meadows we had visited so often

with an emaciated boy in a wheel-chair,
his gaping, dribbling mouth
wrapped with tissue and scarf against the cold.

Now he is running from me across the park.
Climbing the slide.
Laughing on the swing.

I chase him like he asks.
But I am so tired.
So stiff.

AN ROTH MHOR

An deireadh-seachdanach seo tha sinn a' fuireach
le caraidean an Tairbeart Earra-Ghàidheal.
Mar a thachair, tha fèill air a' chidhe sa bhaile.
Am measg nan dibhearsanan tha roth mhòr.
Timcheall na rotha tha cèidsichean crochte,
gach tè dhiubh a' gabhail dithis dhaoine nan suidhe.
As dèidh beagan imcheist thèid mi air bòrd le Ciaran.
Tha Cara air a bhith air na h-uimhir de nithean
's tha Ciaran a' faireachdainn gu bheil e air fhàgail
        air cùl na còmhla.

Tha crann-gleidhidh air a thoirt sìos air ar n-uchd
agus tha doras-clèithe na cèidse air a dhùnadh.
Gu slaodach tha an roth a' tionndadh fhad 's a thèid
gach cèidse fa leth a lìonadh le taisdealaich ùra.
Mean air mhean thèid ar togail gu h-àrd os cionn a' chidhe.
Tha mi rudeigin mì-fhoisneach nuair a bheir mi sùil
air an stob chutach de dh'aiseal air a bheil ar cèidse an crochadh
ach fairichidh sinn àile fionnar tlachdmhor an fheasgair
's tha ar carbad a' tulgadh gu soitheamh mar chreathail-leanaibh.
Fodhainn cluinnidh sinn gleadhraich nan cur-seachadan eile.

Tha a' chèidse mu dheireadh air a luchdachadh
's siud an roth a' tòiseachadh air gluasad gu rèidh.
Sìos an taobh thall teàrnaidh sinn agus suas an taobh seo a-rithist.
Nas luaithe 's nas luaithe tha a' chuibhle mhòr a' cur charan.
Ach mo thruaighe! Shaoil mi gun gabhadh smachd a chumail
air luasgadh na cèidse, ach cha ghabh idir idir.
Gu h-obann nì i car-a'-mhuiltein slàn.
Chan eil air ach grèim a chumail agus feitheamh.
Car mu char tha an roth a' sìor thionndadh.
Car-a'-mhuiltein as dèidh car-a'-mhuiltein nì ar cèidse
le neart fiadhaich an-iochdmhor.
Tha mi a' fàs bochd. Chan urrainn dhomh seasamh ri seo.

THE BIG WHEEL

This weekend we are staying with friends in Tarbert, Argyll.
It so happens that the shows are in town, on the quay.
One of the rides is the Big Wheel.
From the Wheel cages are slung,
each taking two seated passengers.
Despite some misgivings
I climb on board one of them with Ciaran.
Cara has been on various rides
and Ciaran needs a bit of encouragement.

A restraining bar is lowered onto our laps,
and the cage door is closed.
Slowly the Wheel turns as each cage
is filled with new occupants.
Bit by bit we are lifted high above the quay.
I am a bit uneasy as I notice the short axle
upon which our cage is suspended
but we enjoy the cool evening air
as our carriage sways gently like a baby's cradle.
Peaceful above the clamour of the other entertainments.

The last cage is loaded and the Wheel
begins to smoothly revolve.
Down the far side we go and back up the near side again.
The Wheel gathers momentum.
Oh dear! I thought the pitch of each cage
was at the discretion of its occupants, but no!
Suddenly our cage does a complete somersault.
There's nothing for it but to hang on and wait.
The Wheel revolves faster and faster.
Our cage somersaults ferociously again and again.
I feel very ill. I can't stand this.

Saoilidh mi a-nis gu bheil Ciaran a' sleamhnachadh a-mach
bhon chrann-tarsainn. Sparraidh mi mo ghlùn air a ghlùin-san
agus brùthaidh mi mo chas eile an aghaidh taobh thall na cèidse.
Tha grèim-bàis agam air a' chrann-tarsainn lem dhà làimh.
An ath mhionaid chì mi mo speuclairean gan sadadh tron adhar
's a' bualadh le brag an aghaidh na clèithe meatailte.
Cò às a thàinig iad? Cha robh iad air m' aodann!
Feumaidh gun do thuit iad a-mach às mo phòcaid broillich
nuair a chaidh ar crochadh bun-os-cionn.

Siud iad a-rithist 's a-rithist gan tilgeil seachad air ar cinn
an aghaidh cliathaich na cèidse rìdhlich.
Chan urrainn dhomh seasamh ri seo!
Tha mi dol a chur a-mach!
Tha mi dol a bhàsachadh!
Tha mi a' feuchainn ri comhurtachd a thoirt do Chiaran
ach chan urrainn dhomh ach corra facal a eubhachd.

Le taingealachd cluinnidh mi mu dheireadh thall
motair na rotha a' fàs nas maille
agus chan fhada gus an leigear a-mach sinn.
Tha Màiri a' feitheamh ri Ciaran.
Tha e a' faireachdainn caran tinn ach chan eil e cho dona.
Air mo shon-sa dheth chan urrainn dhomh mo mheòir fhosgladh
's tha mi bacach le cois ghoirt.
Thèid mi sìos staidhre a' chidhe a dh'ionnsaigh an uisge
an tòir air faochadh, ach abair fàileadh an èisg an seo!

Tha seachd drèanaichean eadar an roth 's an taigh.

It seems to me now that Ciaran is slipping out
from the restraining bar. I wedge my knee over his
and jam my other foot against the far side of the cage.
I have a two-handed death-grip on the safety bar.
The next moment I see my glasses propelled through the air
and impacting noisily on the metal lattice.
Where have they come from? They weren't on my face!
They must have fallen out of my inside pocket
when we turned upside-down.

There they go again and again whizzing past our heads
to hit the sides of the spinning cage.
I can't stand this!
I am going to be sick!
I am going to die!
I try to comfort Ciaran
but manage only a muffled shout or two.

Mercifully we eventually hear
the Wheel's motor decelerating
and before too much longer we are disgorged.
Mary is waiting for Ciaran.
He is feeling a bit queasy, but really is OK.
I for my part can hardly open my fingers
and am limping with a painful foot.
I head down the quay-steps towards the water
for some space and calm, but the stink of fish hits me!

There are seven drains between the Big Wheel and the house.

HEILEACOPTAR EILE

Air an telebhisean
heileacoptar
fon ghrèin
ag èirigh
thar na mara.

Naomh-roth
nan itean
do-lèirsinn
mar bhogha-frois
coileanta.

Saoil an e
an camara fhèin
bu choireach
no ceò na mara
no mac-meanmna

no Dia?

An sin fhreagair an Tighearna Iob as a' chuairt-ghaoith.

Iob 38:1

Ann an teinn ghairm thu,
agus shaor mi thu;
fhreagair mi thu ann an ionad
dìomhair an tàirneanaich;
dhearbh mi thu làimh ri uisgeachan Mheribah.
Selah...

Is mise an Tighearna do Dhia,
a thug a-nìos thu à tìr na h-Eiphit;
fosgail do bheul gu farsaing,
agus lìonaidh mise e.

Salm 81: 7, 10

ANOTHER HELICOPTER

On the TV
a helicopter
rises
in sunshine
over the sea.

Its halo
of blurred
rotors
a perfect
rainbow.

I wonder
if the camera
is to blame
or sea-mist
or delirium

or God?

Then the Lord answered Job out of the whirlwind.

JOB 38:1

In distress you called, and I delivered you;
I answered you in the secret place of thunder;
I tested you at the waters of Meribah. Selah.

I am the LORD your God,
who brought you up out of the land of Egypt.
Open your mouth wide, and I will fill it.

PSALM 81:7,10

CLACHARAN CUMHANG

Air uairean
gheibh mi aiteal dhen fhìrinn
nach eil doras sam bith dùinte no glaiste,
nach eil call sam bith ann nach gabh leasachadh
- leasachadh gu h-iomlan 's a bharrachd -
ma tha Dia neo-chrìochnach
ma tha Dia uile-thròcaireach

Ach an ath mhionaid
cuirear mo mhionach troimhe-chèile
le eagal.

*   *   *

Chan eil Rathad Breigeach Buidhe ann.
Chan eil ann ach clacharan cumhang
thar boglaich do-thomhais.

BLAR

Ciamar a choisicheas sinn tron bhlàr a tha seo?
Càit an cuir sinn le cùram ar casan rùisgte
am measg na tha seo de mhèinnean ceilte?

Nach e tha furasda bhith a' mairsinn beò
's mac an fhir eile
a' bàsachadh?

STEPPING-STONES

Occasionally
I glimpse the truth
that no door has been slammed or locked,
that there is no loss which cannot be regained
- regained absolutely and beyond -
if God is infinite
if God is kind

But the next minute
my stomach is knotted
in fear.

     *   *   *

There is no Yellow Brick Road.
Only slippery stepping-stones
cross this unfathomable swamp.

BATTLEGROUND

And how shall we negotiate this battleground?
And where shall we place our fastidious feet
as we brave this unmapped minefield?

So easy it is to survive
when it's the other man's son
who lies dying.

An ath mhadainn bha a' ghrian air chùl sgòtha, ach thog iad orra mar gu robh for aca dè an taobh a bha iad a' dol.

"Ma choisicheas sinn fada gu leòr," arsa Diorbhail, "thig sinn gu àiteigin uaireigin, tha mi cinnteach."

Ach chaidh na làithean seachad, agus chan fhaca iad fhathast càil air am beulaibh ach achaidhean sgàrlaid. Thòisich am Bodach-Ròcais air gearan .

"Tha sinn gun teagamh air dol iomrall," ars esan, "agus mura lorg sinn a-rithist ar slighe ann an tìde am Baile Smàragach a ruighinn, chan fhaigh mi a chaoidh m' eanchainn."

"Chan fhaigh no mise mo chridhe," thubhairt an Coilltear Staoin. "Is gann as urrainn dhomh feitheamh gus an ruig sinn Oz, agus feumaidh tu aideachadh gur e turas glè fhada tha seo."

"Air mo shon-sa dheth," thubhairt an Leòmhainn gealtach le sgiùgan, "chan eil a mhisneachd agam cumail orm a' saltairt, gun àite sam bith a ruigsinn."

Chaill Diorbhail fhèin a misneachd an uair sin. Shuidh i sìos air an fheur agus sheall i air a companaich, agus shuidh iadsan sìos agus choimhead iad oirrese, agus fhuair Toto a-mach airson a' chiad thurais na bheatha gu robh e tuilleadh 's sgìth airson falbh an tòir air dealan-dè a rinn sgiathalaich seachad air a cheann; uime sin chuir e a-mach a theanga 's rinn e plosgartaich agus sheall e air Diorbhail mar gu robh e a' faighneachd dhith dè bha iad a' dol a dhèanamh an dràsda.

L. Frank Baum, Buidseach Oz

The next morning the sun was behind a cloud, but they started on, as if they were quite sure which way they were going.

"If we walk far enough," said Dorothy, "we shall sometime come to some place, I am sure."

But the day passed away, and they still saw nothing before them but scarlet fields. The Scarecrow began to grumble a bit.

"We have surely lost our way," he said, "and unless we find it again in time to reach the Emerald City I shall never get my brains."

"Nor I my heart," declared the Tin Woodman. "It seems to me I can hardly wait till I get to Oz, and you must admit this is a very long journey."

"You see," said the cowardly Lion, with a whimper, "I haven't the courage to keep tramping for ever, without getting anywhere at all."

Then Dorothy lost heart. She sat down on the grass and looked at her companions, and they sat down and looked at her, and Toto found that for the first time in his life he was too tired to chase a butterfly that flew past his head; so he put out his tongue and panted and looked at Dorothy as if to ask what they should do next.

L. FRANK BAUM, *THE WIZARD OF OZ*

"WALK ON!"

Agus a-nis trì bliadhna air adhart
tha mi an sàs ann an dealbh-balla eile.
'S ann an Druim na Drochaid a tha e
san t-sabhal aig muinntir an RDA
- 'Marcachd airson nan Ciorramach'.
Bidh Ciaran a' dol ann a h-uile Disathairne,
agus fhad 's a mharcaicheas e bidh mise a' peantadh.
'S e dealbh fada caol a th' ann le sgàthan mòr ga roinn.
Air an dàrna taobh dhen sgàthan tha aodann balaich ann,
's air an taobh eile tha aodann eich.
An sùil a' bhalaich chithear faileas an eich.
An sùil an eich chithear faileas a' bhalaich.
A bharrachd air sin tha agam air aon taobh
nighean le fiamh a' ghàire, 's i a' seasamh le each,
's air an taobh eile nighean air muin eich a tha a' leum.
Air fìor thaobh clì an deilbh ann an litrichean mòra
pheant mi an Gàidhlig 's am Beurla na facail à Isaiah
(graifìti an dòchais):
"AN SIN LEUMAIDH AM BACACH MAR FHIADH."
Pheant mi na facail ann an seachd dathan a' bhogha-frois
(cùmhnant Dhè, tha fhios).
Thug mo cho-thidsear-ealaine John am purpaidh dhomh.
Mharbh a mhac sgitsifrìneach e fhèin o chionn dà mhìos.

Air mo chùlaibh fhad 's a pheantas mi
cluinnidh mi guth Pauline, neach-teagaisg an RDA,
's i a' sìor ghairm òrdaighean ris a' chloinn.
Ged a tha mi air a bhith tighinn an seo tuilleadh is bliadhna,
's ann an-diugh fhèin a dhrùidh e orm cho iomchaidh
's a tha a h-òrdagh as cumanta:
"WALK ON!"

"WALK ON!"

And now three years on
I am involved in another mural.
It's in Drumnadrochit,
in the barn-type arena of the
'Riding for the Disabled Association'.
Ciaran goes every Saturday,
and while he rides, I paint.
It's a very long, low picture, divided by a large mirror.
To one side of the mirror is a boy's face,
and on the other side is the face of a horse.
In the horse's eye the boy is reflected,
and in the boy's eye the horse is reflected.
Also, on one side there's a smiling girl, standing with a horse,
and on the other side a girl on the back of a horse which is
        jumping.
On the extreme left of the picture in big letters
I have painted in Gaelic and in English the words of Isaiah
(the graffiti of hope):
"THEN SHALL THE LAME LEAP AS A DEER."
I painted the words in the seven colours of the rainbow
(God's covenant, of course).
My teaching colleague John gave me the purple.
His schizophrenic son killed himself two months ago.

Behind me as I paint
I hear the voice of Pauline, the RDA tutor,
shouting instructions to the mounted children.
Though I have been coming here for more than a year
it is only today that I have been struck by just how
appropriate is her most common command:
"WALK ON!"

AM BRU-DHEARG ANNS AN T-SABHAL

Chaidh a' chlann a-mach cuairt air na h-eich an-diugh,
gam fhàgail-sa a' peantadh.
Thug seo cothrom dhomh seasamh air ais
gus sùil a thoirt air m'obair bho astar.

Fhad 's a sheas mi an sin nam aonar
nochd brù-dhearg a-steach air an uinneig àird fhosgailte.
Laigh e tacan air tè dhe na pìoban a tha crochte fon mhullach.
Thèarn e chun na being fhada air beulaibh mo dheilbh-bhalla.
Leum e suas an uair sin air fear dhe na canastairean peanta.
An ceann greise eile dh'fhalbh e a-mach air uinneig
air taobh thall an t-sabhail.

Tha fhios gu robh e dìreach a' sireadh grèim bìdh.

Ach 's e seachdain co-là-breith mo mhàthar a tha seo.

An là mus do bhàsaich i,
cha mhòr dà mhìos mus do dh'fhàs Ciaran tinn,
thàinig brù-dhearg a-steach air uinneig a seòmair.
Sheas e tacan air ceann a leapa a' coimhead oirre.
Dh'fhalbh e an uair sin a-mach air uinneig.

THE ROBIN IN THE BARN

The kids went out on a trek today
leaving me painting.
This gave me the chance to stand back
and study my work from a distance.

As I stood there alone,
a robin appeared through the high open window.
It alighted briefly on one of the sprinkler-pipes beneath the roof,
flew down to the long bench in front of my mural,
then hopped up onto one of the paint-cans.
After a moment it departed through the opening
on the other side of the barn.

Of course it was just foraging for crumbs.

But this is the week of my mother's birthday.

The day before she died,
almost two months before Ciaran fell ill,
a robin entered through her bedroom window.
It stood a moment on the end of her bed, watching her.
Then left by a window.

*Agus bha an soitheach a bha e a' dèanamh de chriadh
air a mhilleadh ann an làimh a' chreadhadair;
an sin rinn e dheth a-rìs soitheach eile,
mar a chunnacas ceart don chreadhadair a dhèanamh.*

An sin thàinig facal an Tighearna am ionnsaigh, ag ràdh,

*"O thaigh Israeil, nach faod mise a dhèanamh ribhse
mar an creadhadair seo?" deir an Tighearna.
"Feuch, mar a' chriadh an làimh a' chreadhadair,
is amhail sin sibhse ann am làimh-sa, O thaigh Israeil."*

IEREMIAH 18:4-6

Nì na cnàmhan a bhris thu gàirdeachas.

SALM 51:8

But the pot he was shaping from the clay
was marred in his hands;
so the potter formed it into another pot,
shaping it as seemed best to him.

 Then the word of the LORD came to me:
"O house of Israel, can I not do with you
as this potter does?" declares the LORD.
"Like clay in the hand of the potter,
so are you in my hand, O house of Israel."

JEREMIAH 18:4-6 NIV

Let me hear the sounds of joy and gladness;
and though you have crushed me and broken me,
I will be happy once again.

PSALM 51:8 TEV

CRUTH-ATHARRACHADH

(1)

Slige seilcheig.

Eil fhios agad gum bi an taigh beag bithiseach seo
a' fàs a rèir òrdaigh àraid mhatamataigich?

Gu h-annasach lorgar an aon fhoirmle
a' socrachadh càit am bi duilleagan a' fàs air luibh.

Agus mar a thig flùr fo bhlàth.

Agus bidh sgiathan an dealain-dè cuideachd a' fàs
a rèir na h-*Or-earrainn* seo, mar a chanas iad rithe.

Agus buill ar cuirp fhìn.

Gheibhear gu dearbh air feadh saoghal Nàdair i.
Ann am bleideagan-sneachda, mar eisimpleir eile.

Ged a tha gach bleideag gun samhail
tha a h-uile tè umhail dhan aon lagh co-roinn seo.

> (Ach saoil a bheil rian a' stiùireadh
> cùrsa na dachaigh bhithisich agamsa,
>
> agus i mar bhleideag-sneachda
> air a' ghaoith?)

METAMORPHOSIS

(1)

Snail-shell.

Are you aware that this small spiral house
grows according to a specific mathematical rule?

Fascinatingly, this same formula
also determines where leaves grow on a plant.

And how a flower blossoms.

And the wings of a butterfly are also formed
in accordance with this Golden Section, as it is called.

And our own bodily limbs.

In fact, it can be found throughout the world of Nature.
In snowflakes, to give another example.

Though every snowflake is unique,
each one obeys this same law of proportion.

> (Yet I do find myself wondering if order
> steers the course of my spiralling house,
>
> so like a snowflake
> on the wind.)

(2)

An ciad Ghreugais a' Bhìobaill
chaidh an aon fhacal *pneuma*
a chleachdadh an dà chuid airson 'gaoth' agus 'spiorad'.

Ann an Eòin 3 tha Crìosd ag ràdh ri Nicodemus:
Tha an pneuma *a' sèideadh far an àill leatha,*
agus tha thu a' cluinntinn a fuaim,
ach chan eil fhios agad cia as a tha i a' teachd,
no càit a bheil i a' dol: is ann mar sin a tha gach neach
a tha air a bhreith on pneuma.

EOIN 3:8

Tha an aon dà-sheaghachd aig an fhacal *ruach*
an Eabhra an t-Seann Tiomnaidh.

Mar sin, chaidh taigh clann Iob a leagail le *ruach* (Iob 1:19)
agus 's ann le *ruach* a chaidh Eseciel a thogail 's a ghiùlan far
an robh na braighdean (Esec. 3:14,15).

> Saoilidh mi gur e crois-rathaid mo bheatha
> a th' ann an dà-chiallachas nam facal seo.
> An deach mo thaigh a leagail (a thogail?)
> le gaoith luim luainich on fhàsach
> no le Spiorad Dhè?

(2)

In the original Greek of the Bible
the same word *pneuma*
was employed for both 'wind' and 'spirit'.

In John 3 Christ tells Nicodemus:
The pneuma *blows wherever it pleases.*
You hear its sound,
but you cannot tell where it comes from or where it is going.
So it is with everyone born of the pneuma.

JOHN 3:8

The same ambiguity appears in the word *ruach*
in Old Testament Hebrew.

Thus, the house of Job's children was demolished by the
ruach (Job 1:19); and it was the *ruach* which bore Ezekiel
away and placed him among the exiles (Ezek. 3:14,15).

> I guess the ambivalence of these words
> forms the Crossroad of my life.
> Was my house razed (raised?)
> by a bleak, stray wind from the wilderness,
> or by the Spirit of God?

(3)
Sa Bhìoball Ghreugais tha am facal *psuche*
(bhon tàinig a' Bheurla *psyche*)
ioma-chiallach cuideachd, agus gu math ùidheil.
Chaidh a eadar-theangachadh sa Bhìoball Laidinn le *anima*,
bhon d'fhuair na seann Ghàidheil ar facal fhìn, 'anam'.

"*Gràdhaichidh tu an Tighearna do Dhia,*" arsa Crìosd, "*led
uile* psuche."

MATA 22:37

Bu chiall dha *psuche* agus *anima* le chèile
'anam', 'anail', 'beatha' agus 'inntinn'.

Bu chiall dha *anima* cuideachd 'gaoth'.

Ach 's e fo-chiall àraid eile a tha aig *psuche*
a tha fa-near dhomh an ceartuair - 's e sin 'dealan-dè'.
Rinneadh an dealan-dè na shamhla dhen anam neo-bhàsmhor
le na seann Ghreugaich, a chionn 's gun tig e 'beò' a-rithist
as dèidh seòrsa de 'bhàs' sa chriosalaid aige.

(4)
Nuair a thig an dealan-dè a-mach às a chochall an toiseach
tha e fliuch agus bog agus tha a chuid sgiathan rocach.
Cha dèan e càil car tacain ach feitheamh
fhad 's a thiormaicheas a' ghaoth e
's a thèid fhuil a thaosgadh tro chuislean a sgiathan.

(3)

In Biblical Greek the word *psuche*
(from which comes the English 'psyche')
is also multivalent, and highly interesting.
It was translated in the Latin Bible by *anima*
from which the Gaels got their word for 'soul' (*anam*).

"You shall love the Lord your God," said Christ, *"with all your*
psuche."

MATTHEW 22:37

Psuche and *anima* both meant
'soul', 'breath', 'life' and 'mind'.

Anima also meant 'wind'.

But *psuche* actually had another sub-meaning
which I wish to draw attention to - namely, 'butterfly'.
The ancient Greeks thought of the butterfly
as being symbolic of the immortal soul,
because it comes 'alive' again
after a kind of death in its chrysalis.

(4)

When the butterfly first emerges from its cocoon
it is wet and soft and its wings are wrinkled.
For a while it does nothing except to wait
while the wind dries it
and the blood is pumped through its wings.

(5)

Nach iongantach mar a bhaist an seann Ghàidheal
an fhrìde seo le ainm cho brèagha 's cho ciallach ri 'Dealan-dè',
- 's e sin 'Soillse Dhè'.

(6)

Tha sgiath an dealain-dè còmhdaichte le lannan beaga.
Tha stuth-dhath gnàthach am broinn cuid dhe na lannan a tha seo.
Ach tha lannan eile air an sgèith a tha lì-dhrithleannach.
'S e sin, bithidh iad a' sgaoileadh an t-solais a laigheas orra,
a' toirt air sgaradh mar dhathan eugsamhail a' bhogha-fhrois.
Thathar a' saoilsinn gu bheil an lainnir seo a' nochdadh
mar thoradh air còmhdach tana dh'ola bhith air na lannan.

(7)

Aig crois-rathaid
gaothmhor dubh-fhaclach
mo bheatha

's e mo roghainn
Dia a ghràdhachadh
lem uile neart.

Seo ma-ta m' ùrnaigh airson Chiarain
as dèidh criosalaid a' phairilis,
as dèidh slaodachd na seilcheig:

Gum bi e
Ungte le ola Dhè.
Cruth-atharraichte.

Deàlrach.

(5)

Is it not remarkable how the ancient Gael
baptised this insect with such a beautiful
and meaningful name as *Dealan-dè*
- i.e. 'Brightness of God'?

(6)

The wing of the butterfly is covered with tiny scales.
Some of these scales contain routine pigmentation,
but others are iridescent
- they refract light into the colours of the rainbow.
It is thought that this happens because
of a thin covering of oil on the scales.

(7)

At the windblown
enigmatic Crossroad
of my life

I choose
to love God
with all my strength.

Thus my prayer for Ciaran is,
after the chrysalis of paralysis,
after the slowness of the snail:

that he will be
anointed with God's oil.
Transfigured.

Dazzling.

Gabhaidh fear dhe na prìomh phàtranan-fàis ann an luibhean agus ann am beathaichean a chur an cèill ann an sreath àireamhan, mar a leanas:
      0:1:1:2:3:5:8:13:21:34:55 is mar sin.

Carson a tha an aon cho-roinn seo cho cudromach ann an cruthachadh na h-ealaine agus nar beachdan mu na tha brèagha? B'iad na Greugaich a fhreagair a' cheist seo an toiseach, ag ràdh gur e co-roinn uile-choitcheann a th' anns an Or-earrainn, agus i na bunait de shàr-òrdagh dhàimhean a laigheas air chùl tubaistean an t-saoghail fhaicsinnich.

PATRICK CARPENTER IS WILLIAM GRAHAM, *ART AND IDEAS*

*One of the main growth patterns in plants and animals can be
expressed as an arithmetic progession, thus:*
0:1:1:2:3:5:8:13:21:34:55 etc.

*Why is it that this one proportion plays such an important part
in the creation of art and in our ideas about what is beautiful?
The Greeks were the first to answer this question, suggesting that
the Golden Section was a universal proportion and the basis of
an ideal order of relationships which lies behind the accidents of
the visible appearances of the outside world.*

PATRICK CARPENTER AND WILLIAM GRAHAM, *ART AND IDEAS*

Shaoil an Leòmhann gun dèanadh e feum eagal a chur air a'
bhuidseach, uime sin rinn e beuc mòr àrd a bha cho fiadhaich agus
cho uabhasach 's gun do leum Toto air falbh bhuaithe le clisgeadh
agus gun do leag e am fearachlais-ùrlair a sheas san oisean. Air
tuiteam dha le brag, choimhead iad an taobh sin, agus an ath
mhionaid ghabh iad uile iongantas mòr. Oir chunnaic iad, na
sheasamh san dearbh àite a bha an sgàilean air a bhith a' ceiltinn,
bodach beag, le ceann maol agus aghaidh phreasaich, air an robh
iongantas a cheart cho mòr riuthasan. Thog an Coilltear Staoin
a thuagh agus thug e ionnsaigh air a' bhodachan, ag eubhachd, "Cò
thusa?"

"'S mise Oz, mòr agus uabhasach," thuirt an duine beag,
ann an guth critheanach, "ach na buail mi - agus nì mi nì sam bith
a dh'iarras tu orm."

Sheall ar càirdean air le iongantas 's le eu-dòchas.

"Shaoil mise gu robh Oz na cheann mòr," thuirt Diorbhail.

"Agus shaoil mise gu robh Oz na mhaighdeann bhrèagha,"
thuirt am Bodach-Ròcais.

"Agus shaoil mise gu robh Oz na bhèist uabhasaich," thuirt
an Coilltear Staoin.

"Agus shaoil mise gu robh Oz na bhall teine," ghlaodh an
Leòmhann.

"Ach tha sibh uile ceàrr," thuirt an duine beag gu ciùin.
"Tha mi air a bhith a' leigeil orm."

"A' leigeil ort!" dh'eubh Diorbhail. "An e nach eil thu nad
bhuidseach mòr?"

"Isd, a ghràidh," thuirt e; "na bruidhinn cho àrd, no thèid
do chluinntinn le cuideigin - agus thèid mise a mhilleadh. Tha cliù
agam mar bhuidseach mòr."

"Agus nach eil thu nad bhuidseach?" dh'fhaighnich i.

"'S mi nach eil, a ghràidh; chan eil annam ach duine
cumanta."

"Tha thu nad rud a bharrachd air sin," thuirt am Bodach-
Ròcais gu doilgheasach; "tha thu nad mhealltair."

"Dìreach!" ghlaodh an duineachan, a' suathadh a làmhan
ri chèile mar gu robh seo a' còrdadh ris. "Tha mi nam mhealltair."

L. Frank Baum, *Buidseach Oz*

The Lion thought it might be as well to frighten the wizard, so he gave a large, loud roar, which was so fierce and dreadful that Toto jumped away from him in alarm and tipped over the screen that stood in the corner. As it fell with a crash they looked that way, and the next moment all of them were filled with wonder. For they saw, standing in just the spot the screen had hidden, a little old man, with a bald head and a wrinkled face, who seemed to be as much surprised as they were. The Tin Woodman, raising his axe, rushed towards the little man and cried out, "Who are you?"

"I am Oz, the great and terrible," said the little man, in a trembling voice, "but don't strike me - please don't - and I'll do anything you want me to."

Our friends looked at him in surprise and dismay.

"I thought Oz was a great head," said Dorothy.

"And I thought Oz was a lovely lady," said the Scarecrow.

"And I thought Oz was a terrible beast," said the Tin Woodman.

"And I thought Oz was a ball of fire," exclaimed the Lion.

"No, you are all wrong," said the little man, meekly. "I have been making believe."

"Making believe!" cried Dorothy. "Are you not a great wizard?"

"Hush, my dear," he said; "don't speak so loud, or you will be overheard - and I should be ruined. I'm supposed to be a great wizard."

"And aren't you?" she asked.

"Not a bit of it, my dear; I'm just a common man."

"You're more than that," said the Scarecrow, in a grieved tone; "you're a humbug."

"Exactly so!" declared the little old man, rubbing his hands together as if it pleased him. "I'm a humbug."

L. FRANK BAUM, *THE WIZARD OF OZ*

ACH CO BUIDSEACH OZ?

'S dòcha gum bi thu faighneachd
cò Buidseach Oz san eachdraidh seo?
Bidh agus mise.

Tha a' cheist seo air a bhith nam inntinn
bhon a thòisich mi air sgrìobhadh.
'S e an duilgheadas a th' agam, tha fhios,

gur e mealltair a bh' anns a' Bhuidseach Mhòr.
Mar sin cha riochdaich e, can, Dia.
'S e toibheum a bhiodh an sin.

Ach biodh Dia fìor agus gach duine na bhreugaire.
ROMANAICH 3:4

Ged a chaidh mo chreideamh a chrathadh
chun nam freumhan tha e agam fhathast.
'S e Dia bunailteas m' inntinn.

Ged as ann mar shnàthaid-combaist às a rian
(no mar lann-rotair heileacoptair a' rìdhleadh?)
a tha mo bheatha air a bhith

tha i a' tilleadh
gu critheanach
dhan Aird a Tuath iùil-tharraingich.

Cha mhò a riochdaicheas am Buidseach Oz
an Dotair Brown, mar eisimpleir.
Duine treibhdhireach 's gun tuisleadh.

An cois cnuasachaidh fhada air a' chùis
tha mi air tighinn chun a' cho-dhùnaidh
gur mi fhìn Buidseach Oz.

Thuirt Picasso gur e a th' anns an ealain
ach "breug a dh'innseas an fhìrinn".
Sin agad mo leisgeul.

SO WHO'S THE WIZARD, THEN?

(1)

Maybe you are wondering
who in my tale is the Wizard of Oz?
So am I.

This question has been bothering me
since ever I started writing.
My difficulty is, of course,

that the Great Wizard was a phoney.
As such he cannot represent, say, God.
That would be blasphemy.

God must be true, even though every man is a liar.
                                    ROMANS 3:4 TEV

Although my faith has been shaken
to its roots, I still have it.
God is my sanity.

Though my life has been
like a spinning compass-needle
(or a whirling rotor?)

it is returning,
aquiver,
to the Magnetic North.

Neither can the Wizard of Oz
stand for Dr Brown, for example.
A genuine and excellent man.

After prolonged deliberation on the matter
I am coming to the conclusion
that I myself am the Wizard of Oz.

Picasso said that art is
"a lie that tells the truth".
That's my excuse.

Athair air bhoile.
Chan eil annam ach sin.
'S mi an tòir air cèill.

Air a' chèill as lugha
a ghabhas a lorg
ann an eucail mo mhic.

'S mar fhear-ealain
cuiridh mi an cèill a' chiall
an ìomhaighean-brèige.

Iomhaighean-brèige
a dh'innseas
an fhìrinn.

Ceci
n'est pas
une pipe!

Iomhaighean-brèige
mar fheadhainn aig
Eseciel.

Eil fhios agad gur e ealantair
a bh' anns a' chiad duine sa Bhìoball
a lìonadh leis an Spiorad (leis an *ruach*)?

- Besalil.   Ecsodus 31:1,2
Agus is ciall dhan ainm aige
"fo sgàile Dhè".

Rinn e Pàillean a' Choitheanail.
Airc na Fianais.
A' Chathair-thròcair

air an robh na ceruban
a' sgaoileadh an sgiathan
gu h-àrd.

A demented father.
That's all I am.
After meaning.

The slightest meaning
which can be elicited
from my son's illness.

And as an artist
I express this meaning
in false-images.

False-images
which tell
the truth.

*Ceci
n'est pas
une pipe!*

False-images
like those
of Ezekiel.

Are you aware that the first person in the Bible
to be filled with the Spirit (with the *ruach*)
was an artist?

- Bezalel.   EXODUS 31:1,2
And his name means
"in the Shadow/Protection of God".

He made the Tent of Meeting.
The Ark of the Testimony.
The Mercy Seat

over which the cherubim
spread their wings
on high.

Rinn e
taigh do Dhia
san Fhàsach.

Rinn e
an ola-ungaidh
naomh.

(3)

Tha mise air taigh fhaclan
a chruthachadh
san fhàsach agamsa.

Pàillean cèille
air chrith
sa ghaoith.

Teanta
sa bheil mi crùbte
os cionn mo mhic.

Ach siud mi gad mhealladh a-rithist.
Oir tha fhios
nach eil mi am broinn teanta

san fhàsach idir
ach ann an taigh
an Inbhir Nis.

Agus chan e cathair-thròcair
a tha air mo bheulaibh
ach coimpiutair.

Agus tha Ciaran
na laighe air làr a sheòmair
a' dèanamh dealbh de rathad buidhe.

Iomhaigh-bhrèige
leis fhèin.
Fo sgàile Dhè.

He made
a house for God
in the Wilderness.

He made
the holy
anointing-oil.

(3)

I have constructed
a house of words
in my wilderness.

A Tent of Meaning
aquiver
in the wind.

A Tabernacle
within which I brood
over my son.

But there I go deceiving you again.
For it is evident that
I'm not in a tent

in the wilderness at all,
but in a house
in Inverness.

And before me
is no mercy-seat
but a computer.

And Ciaran is lying
on the floor of his room
making a picture.

A false-image
of his own.
In the Shadow of God.

Gabhaidh esan a tha na chòmhnaidh
ann an ionad diamhair an Tì as àirde,
tàmh fo sgàil an Uile-chumhachdaich.

Their mi mu thimcheall an Tighearna,
Is e mo thèarmann agus mo dhaingneach,
mo Dhia anns an cuir mi mo dhòigh.

Gu dearbh saoraidh e thu
o rib an eunadair,
on phlàigh mhilltich...

Cha bhi eagal ort a-thaobh
an uamhais anns an oidhche,
no na saighde a ruitheas anns an là,

No na plàigh a ghluaiseas
ann an dorchadas, no an sgrios
a mhilleas mu mheadhon-là.

A chionn gun do rinn thu an Tighearna
na thèarmann, an Tì as àirde
na ionad-còmhnaidh dhut.

SALM 91:1-9

212

He who dwells in the shelter of the Most High,
who abides in the shadow of the Almighty,
will say to the LORD, "My refuge and my fortress;

my God, in whom I trust."
For he will deliver you from the snare of the fowler
and from the deadly pestilence;

he will cover you with his feathers,
and under his wings you will find refuge;
his faithfulness is a shield and rampart.

You will not fear the terror of the night,
nor the arrow that flies by day,
nor the pestilence that stalks by darkness,

nor the destruction that wastes at midday.
Because you have made the LORD your refuge,
the Most High your habitation.

PSALM 91:1-9

NEAMHNAID

Dh'iadh na h-uisgeachan mum thimcheall,
eadhon gu ruig an t-anam:
chòmhdaich an doimhne mi mun cuairt:
bha mo cheann air a ribeadh anns an fheamainn.

IONAH 2:5

Nam chreachann
grinnealach
greannach
dùinte
dùr
crùbte
gramaichte
clab-dhubhach
ri grunnd na mara.

An gràinnean gainmhich seo
gam bheò-chnàmhadh
neo am fiolan fionn
ri lèir-chreachadh
ciamar neo cuin
a gheibh mi
cuidht'
agus
e
mura
tèid mi
nam eisir
mura h-iadh
mi le fìor-chèill e
lem ghilead cruain
le bogha-frois cruaidh
uaigneach mo dhà ghèille.

PEARL

The engulfing waters threatened me,
the deep surrounded me;
seaweed was wrapped around my head.
To the roots of the mountains I sank down.

JONAH 2:5 NIV

Clammed up.
Sunk.
Wracked.

An infinite
grain of sand
chafes my soul

will make
of me an
empty shell

unless
with meaning
I treasure it

unless
I clench it
in the nacreous

bonehard
philosopher's
stonehard

rainbow
of my
jaw.

A' BEARRADH

An-diugh
sa mhadainn
a' bearradh
a' cromadh
gus siabann
a shrùthladh
bhàrr m'aodainn.

Gu h-obann
taisbeanadh
sa phorsalain
dathan
sa ghile
bogha-frois
leaghte
san fhliche.

SHAVING

This morning
shaving
bending
to rinse soap
from my face.

Suddenly
an epiphany
in the porcelain
colours in the whiteness
a rainbow in the wetness.

FACAL CRUAIDH

An tì a ghràdhaicheas mac no nighean
os mo chionn-sa, chan airidh orm e:
agus an tì nach glac a chrann-ceusaidh,
agus nach lean mise, chan airidh orm e.

MATA 10:37,38

Tha mo bhràthair òg, Neil, a bha ann an Canada
a-nis a' fuireach le a theaghlach ann an Astràilia.
Bha Winnipeg tuilleadh 's fuar dha!
Chaidh a iompachadh na Chrìosdaidh o chionn còig bliadhna
      a-mhàin
ach siud e a-nis a' trèanadh gu bhith na mhinistear ann am Brisbane.

Co-dhiù, sgrìobh e thugam o chionn greis
a' cantainn gu robh iomagain air mu mo chreideamh-sa.
Carson nach robh mi a' searmonachadh?
Nach robh mi a' cur Chiarain ro Dhia?
Ma bha Dia gu bhith a' beannachadh Chiarain tuilleadh
b'fheàirrde mi rèite fhaighinn Leis.

Facail chruaidhe.
Facail threuna bho bhràthair òg!
Sgrìobh mi air ais ag ràdh gu robh e ceart,
bha mi gu dearbh air a bhith a' cur Chiarain ro Dhia.
A thaobh Chiarain, ge-ta, cha ghabhainn ris an eire dho-ghiùlain
gu robh co-cheangal sìmplidh eadar mo chreideamh agus a leigheas
- no (na bu mhiosa buileach) eadar mo dhìth creidimh
      agus a dhìth leighis.
Ach às dèidh sin dh'aithnich mi gum bu chòir am prìomh àite
a bhith aig Dia ann am beatha a' Chrìosdaidh.
Dhèanainn mo dhìcheall seo a chur ceart nam bheatha.
Nan rachadh iarraidh orm searmonachadh a-rithist
smaoinichinn mu dheidhinn am fianais Dhè.

Thachair mi an uair sin air a' cheann-teagaisg seo shuas ann am Mata.
Bha mi air am fear seo a dhìochuimhneachadh!

Tha facal cruaidh no dhà aig Crìosd fhèin ri ràdh!

218

HARD WORDS

He who loves son or daughter more than me
is not worthy of me;
and he who does not take up his cross and follow me
is not worthy of me.

MATTHEW 10:37,38

My young brother Neil, who was in Canada,
is now staying in Australia.
The cold in Winnipeg got to him!
He was converted to Christ about five years ago,
and he's now training for the ministry in Brisbane.

Anyhow, he wrote to me a short while ago
saying that he was concerned about my faith.
Why was I not preaching at all?
Was I not putting Ciaran before God?
If Ciaran was to be further blessed,
it would help if I got right with God.

Hard words.
Brave words from a wee brother!
I wrote back saying that he was correct,
that I had indeed been putting Ciaran before God.
As regards blessing, however, I would not accept
the crushing burden that there was a simple correlation
between my faith and his recovery - or (far worse)
between my lack of faith and his lack of recovery.

Nevertheless, I recognized that God should have first place
in the life of a Christian and I would try to put that right.
If I was again asked to preach, I would consider it before God.

I happened later on the above text from Matthew.
I had forgotten that one!

Christ Himself had one or two hard words to say!

MO CHOMHAIRLE DO CHIARAN

Aig an toiseach an Dùn Eideann
bha thu coltach ris an Duine Staoin
aig nach robh comas-gluasaid
gus an deach ola a chur air.

An uair sin
bha thu coltach ris a' Bhodach-Ròcais
a bha cugallach air a chasan
nuair a chaidh a leigeil mu sgaoil.

A-nis
feumaidh tu bhith nad Leòmhann,
gaisgeil a dh'aindeoin a h-uile duilgheadais.

Os do chionn
tha Bogha-Frois.
Na dhrochaid-solais
eadar na bh' ann 's na bhitheas.

Na ghealladh
gu bheil Dia
maille riut.

Gu bheil a' bheatha
dathach
ciallach

math.

MY COUNSEL TO CIARAN

At first, in Edinburgh, you were like the Tin Man
who could not move
until oil was put on him.

Then you were like the Scarecrow
who was so shoogly on his feet
when he was taken down off the pole.

Now you must be like the Lion
- brave
despite every difficulty.

Above you is the Rainbow.
A bridge of light between
what was and what is to be.

A promise
that God
is with you.

That life is
colourful
meaningful

good.

AIR CHO MALL

Cho màirnealach
's a bhios a' ghealach
a' lìonadh 's a' caitheamh.

Air cho mall
's a lìonar
t' inntinn-sa
le solas

gun lìonar
cearcall
slàn
a mhaireas.

SO SLOWLY

So slowly
the moon waxes
and wanes.

Though slowly
light grows
in your mind

may it fill
a perfect circle
which remains.

SUAS

Chan eil an tinneas seo a-chum bàis,
ach a-chum glòir Dhè,
a-chum gum bi Mac Dhè
air a ghlòrachadh da thaobh.

An dùil
an tuit sinn
suas
gun dùil?

Ciaran
an toiseach.
Màiri 's Cara.
Mi fhìn.

Suas tro tholl
sa mhullach.
Suas tro tholl
san adhar.

Mar heileacoptair
tro chòmhdach sgòthan.
Mar Iosa a' tilleadh
do ghlòir?

UPWARDS

This sickness is not unto death,
but unto the glory of God,
that the Son of God may be glorified by it.

JOHN 11:4

What if we
unexpectedly
fell upwards?

Ciaran first.
Mary and Cara.
Myself.

Upwards
through a hole
in the roof.

Upwards
through a hole
in the sky.

Like a helicopter
through a covering
of cloud.

Like Jesus
returning
to glory?

HOSANNA!

Bha muinntir 'Marcachd airson nan Ciorramach'
an sàs an-diugh ann am Fèis annasach
aig Cathair-eaglais an Naoimh Anndra an Inbhir Nis.

'S e 'Fèis na h-Asail' a bh' ann!
Stèidhich iad an fhèill seo air seirbheis
mheadhan-aoiseil às an Fhraing - *La Fête de l'Âne*.

Tha fhios gu robh àite sònraichte aig a' bheathach chòir seo
sna Soisgeulan - an Teicheadh dhan Eipheit,
aig Breith an Tighearna, 's aig an Inntrigeadh a dh'Ierusalem.

A' leantainn air na seann Frangaich, ghlèidh iad
an Fhèis air an 14mh Là dhen Fhaoilteach,
a chum buidheachas a thoirt seachad airson obair RDA.

O chionn trì bliadhna air an 12na là dhen Fhaoilteach
chaidh Ciaran a thoirt dhan ospadal.
Air a' 14mh là bha e ri uchd a' bhàis.

An-diugh tha e air muin asail am broinn na h-eaglaise seo
a' riochdachadh an Tighearna a' dlùthachadh ri Ierusalem.
Agus tha Cara na deisciobal.

Siud David is Ruth Shepherd cuideachd. HOSANNA!
Aig àm Iosa bu chiall dha seo *Glòir dhan Tighearna!*
Ach bu chiall litireil dhan chiad Eabhra *Thig dhar cobhair!*

Thoir glòir dhan Tighearna maille rinn ge-ta,
oir thàinig E dha-rìribh dhar cobhair!
HOSANNA!

Dh'fhàg mi nam aonar tràth gu tilleadh a dh'obair.
Air dhomh dol seachad air an taigh againn
bha bogha-frois os cionn an achaidh air a chùlaibh.

226

HOSANNA!

The 'Riding for the Disabled' folk
were involved today in a lovely Festival
at St Andrew's Cathedral in Inverness.

It was the 'Festival of the Donkey'!
- Based on a mediaeval French celebration
called *La Fête de l'Âne*.

Of course this delightful beast had a prime place
in the Gospel stories - the Flight from Egypt,
the Birth of the Lord, the Entry into Jerusalem.

Following the old French date
the Festival was held on the 14th of January
to give thanks for the work of RDA.

Three years ago on the 12th of January
Ciaran was taken to hospital.
On the 14th he was near death.

Today he is on a donkey in this church
representing the Lord approaching Jerusalem.
And Cara is a disciple.

There's David and Ruth Shepherd in the crowd. HOSANNA!
At the time of Jesus this meant *Glory to the Lord!*
But the original Hebrew meant *Come and help us!*

So give glory with us to the Lord,
for He has indeed come and helped us!
HOSANNA!

I had to leave early to get back to work.
As I passed our house
there was a rainbow in the field beyond.

Alors dans leur détresse
ils appelèrent le Seigneur à leur secours,
et lui les tira du danger.

Il changea l'ouragan en brise légère,
et les vagues s'apaisèrent.
Ils purent se réjouir du calme revenu,

et le Seigneur les conduisit à bon port.
Qu'ils remercient donc le Seigneur pour sa bonté,
pour ses miracles en faveur des humains!

(An uair sin nan cruaidh-chàs
ghlaodh iad ris an Tighearna,
agus shaor E iad o chunnart.

Dh'atharraich E an doineann gu bhith na oiteig aotruim,
agus chaidh na tonnan a chiùineachadh.
B'urrainn dhaibh gàirdeachas a dhèanamh is fèath air tilleadh,

agus stiùir an Tighearna iad gu cala math.
Gun toireadh iad buidheachas dhan Tighearna air sgàth
A mhathais,
air sgàth A mhìorbhailean do dhaoine!)

SALM 107:28-31, EN FRANÇAIS COURANT

Alors dans leur détresse
ils appelèrent le Seigneur à leur secours,
et lui les tira du danger.

Il changea l'ouragan en brise légère,
et les vagues s'apaisèrent.
Ils purent se réjouir du calme revenu,

et le Seigneur les conduisit à bon port.
Qu'ils remercient donc le Seigneur pour sa bonté,
pour ses miracles en faveur des humains!

(Then in their distress
they called on the Lord to help them,
and He brought them out of danger.

He changed the hurricane to a light breeze,
and the waves were quietened.
They could rejoice that calm had returned,

and the Lord led them to their desired haven.
Let them thank God for His goodness,
for His miracles on behalf of humankind!)

PSALM 107:28-31, EN FRANÇAIS COURANT

229

RATHAD-COILLE

Aisling.
Coille-ghiuthais
fo ghealaich
shlàin.

Gu h-àrd air a' cheann-bhrat ghlas
tha mi a' coiseachd gu h-aighearach
làmh air làimh
le Ciaran is Cara.

Fo ar casan tha brat-ùrlair
a' bharraich dhlùith
na rathad sòlasach fàsmhor
cho fada 's a chì sùil.

CREDO

Agus thàinig gu h-obann toirm o nèamh,
mar shèideadh gaoithe ro-thrèin,
agus lìon i an taigh uile far an robh iad nan suidhe.
Gniomharan 2:2

Ma bhios na laoidhean caingiseach
ro bhuadhmhor aighearach
seasaidh mise nam thosd

a' triall, is dòcha, nam inntinn
gu uòrd-cloinne Dhùn Eideann
no tron uinneig a' sealltainn

air na duilleagan doilleir
's gath-grèine gam fadadh
mar theangannan lasrach

air dhath smàragan lomhair.

FOREST WALK

Dream.
A pine-wood
beneath
a full moon.

High atop the dense canopy of green
I am happily walking
hand in hand
with Ciaran and Cara.

Beneath our feet
the viridian-carpeted road
stretches as far as the eye can see.
Inviting. Luxuriant.

CREDO

And suddenly a sound came from heaven
like the rush of a mighty wind,
and it filled all the house where they were sitting.
ACTS 2:2 RSV

And when these pentecostal hymns
get too triumphalist and jolly
I stand in silence

and maybe travel in my mind
to the Edinburgh ward
or gaze out the window

at those brooding leaves
and a sunbeam igniting them
like tongues of flame

the colour of ignescent emeralds.

DA DHAN BEURLA

TWO ENGLISH POEMS

(i.e. originally written in English, not Gaelic)

DAN DO DIONNE

(Nurs Dionne Franklyn,
Uòrd 7, Ospadal Rìoghail na Cloinne Tinne, Dùn Eideann)

As the exact white form of the Moon
Completes her comforting brave-faced round;
Parting the curtains of desolate Night,
Being both symbol and earnest substance of the Light

So you, Dionne the Nurse, traversed and graced
That God-riddled, time-fractured Wilderness;
Favoured the huddled Abrahamic tent
Where lay my brain-struck only son

And I, bent over him,
The past a blur, the future blank,
The trackless present freeze-framed in hope
That I might see again a finger move

Or hear a word, or be assured
He knew no pain (Ciaran! My Son! My Son!);
I went colour-blind, tunnel-visioned
Through that sterile land.

No horizon quickened,
No sky shone kind beyond the vitreous sand;
The flowers faded, stiffened as they dried.
Wall-eyed, I carried him when he tearless cried.

But you bathed him with your gentle humour,
Buoyed him with photos of your dippy dog -
"Here's Kally with a big blue balloon in her teeth!
And she didn't even burst it! Imagine!" -

CONTINUES OPPOSITE

A POEM FOR DIONNE

(Nurse Dionne Franklyn,
Ward 7, Royal Hospital for Sick Children, Edinburgh)

BEGINS OPPOSITE

Then that morning
When you bade him choose a T-shirt
And he slowly raised
A palsied hand.

A hand heavier to lift
And more profound
Than all the Moon-bound oceans
Of the round blue Earth.

DAN DO CHATRIONA
AGUS NEIL YEAMAN

Thadhail mo phiuthar Catrìona agus a caraid Neil air Ciaran gu math tric san ospadal. Bha liut mhìorbhaileach aca air lachan gàire a thoirt air Ciaran bochd, a dh'aindeoin cho truagh 's a bha e.

Phòs Catriona agus Neil ann an Liosan a' Gheamhraidh an Glaschu san Dàmhair 1992. Bha iad air iarraidh orm rudeigin a ràdh aig a' bhanais. Chuir mi mo smaointean an cèill ann an dàn Beurla. Seo pàirt dheth:

Let us not yet speak of love
but rather of what love means

that we who were not
and yet now are;
that we who are called forth
and clothed with dust of earth
or star
as God at first called forth the Light
from the unspeakable maw of Night;
that we who might not have been
yet have become,
who given all of timeless Time
live now not then
nor anywhere but here,

let us not yet speak of love
(which is too easy and too difficult)
but rather of what love means.

That we who now speak
that we who turn to look
that we who are not rock
nor ice

CONTINUES OPPOSITE

A POEM FOR CATRIONA
AND NEIL YEAMAN

Neil Yeaman and my sister Catriona often visited Ciaran in
the hospital. They brought a courageous sense of fun, and
had Ciaran really laughing, despite his pathetic condition.

Catriona and Neil later got married at Glasgow's Winter
Gardens (October 1992). They had asked me to say something
at the wedding, so I tried to express my feelings in an English
poem for them. This is part of it:

BEGINS OPPOSITE

can reach forth with liquid grace,
can choose to open
or to close both hand and face.

That we who were not
can now turn and look
and speak;
that we who are not rock
but dust of earth or star
can muster mirth
to laugh,
can stir the voice
to sing,
can turn
and by God's grace
can speak forth Light;
can turn and look
into the dreadful face of Night
and speak forth,
speak forth Light.

"Do you remember when I was in the hospital
and I couldn't move anything except my eyes?
It was just as well something in my head worked!
But it's all over now.

- Almost!"

CIARAN, 24.3.1993